法學啟蒙叢書

民法系列——

承　攬

葉錦鴻　著

Hire of Work

Hire of Work
Hire of Work
Hire of Work
Hire of Work
Hire of Work
Hire of Work

Civil Law

Civil Law

三民書局

國家圖書館出版品預行編目資料

承攬 / 葉錦鴻著. －－初版一刷. －－臺北市：三
民，2007
　　面；　　公分. －－(法學啟蒙叢書)
　　參考書目：面
　　ISBN 978–957–14–4696–7　(平裝)
　　1. 承攬

584.388　　　　　　　　　　　　　　　96018317

ⓒ　承　　　攬

著 作 人	葉錦鴻
責任編輯	賴姵宜
美術設計	陳健茹
發 行 人	劉振強
著作財產權人	三民書局股份有限公司
發 行 所	三民書局股份有限公司
	地址　臺北市復興北路386號
	電話　(02)25006600
	郵撥帳號　0009998–5
門 市 部	(復北店) 臺北市復興北路386號
	(重南店) 臺北市重慶南路一段61號
出版日期	初版一刷　2007年11月
編　　號	S 585800
定　　價	新臺幣270元

行政院新聞局登記證局版臺業字第○二○○號

有著作權·不准侵害

ISBN　978–957–14–4696–7　(平裝)

http://www.sanmin.com.tw　三民網路書店
※本書如有缺頁、破損或裝訂錯誤，請寄回本公司更換。

序

　　承攬為民法二十六個有名契約之一，其重要性及複雜度不亞於買賣，作者自回國以來，有幸任教於中正大學財經法律系，忝列教席五年，於承攬之教授時，同學於學習上常有諸多疑問，故本書之撰寫目標在對承攬契約之基礎為詳細之分析，就實務上常見之相關契約為介紹，並於各編試擬習題，以供讀者自行評量，藉此提高學習成效；若本書能對讀者於學習上有所幫助，誠為筆者之幸。

　　《承攬》之問世，首先由衷感激三民書局董事長劉振強先生給予筆者此一機會，能參與〈法學啟蒙叢書——民法系列〉之撰寫；本書寫作期間，特別感謝大學同窗林大權、學弟鍾啟賓於百忙之中仍協助蒐集資料，並於撰寫過程中給予諸多寶貴建議；另中正法研所林自強、財法所朱啟仁（現為司法官訓練所 47 期）及高雄大學法研所周立皇之細心校對，並就本書之內容加以整理，且提供許多具參考價值之案例，對於本書得以順利付梓，功不可沒，筆者銘感五內；此外，中正大學財法系提供協助及良好環境使筆者能順利完成本書，謹誌謝忱。

　　最後，因筆者才疏學淺，民法博大精深，學海無涯，本書不乏思慮未周、野人獻曝之處，倘有缺失遺漏之處，尚祈高明宏達不吝予以鞭策與指正。

葉錦鴻

2007 年 10 月

承攬 *Hire of Work*

Contents

目　次

序

第貳編　承攬人之義務

Hire
of Work

第壹編

承攬概說

第 一 章
導 論

　　承攬契約，乃日常生活中常見的經濟交易活動。在歐洲大陸，承攬此項概念在日耳曼法時代便已經出現，另外，羅馬古法中以物件交付之租賃契約，亦包含有承攬之概念存在❶。在羅馬法中，將承攬的概念歸納於勞務之租賃，其意義係指當事人之一方（承攬人）約明為相對人（定作人）完成某一件事，而相對人對於其完成某事之結果，給與報酬之契約。法國民法沿襲羅馬法之舊例，將僱傭與承攬均列於租賃契約之範圍中。但租賃、僱傭以及承攬，其特色及立法目的各有不同，故現今立法例，皆將其分別規定而形成單獨契約。我國民法仿德國及瑞士之立法例，亦將承攬列為單獨契約，用以規範承攬人與定作人之間的法律關係❷。

　　我國民法第 490 條第 1 項：「稱承攬者，謂當事人約定，一方為他方完成一定之工作，他方俟工作完成，給付報酬之契約。」約定為人完成工作之一方，為承攬人，約定俟工作完成而給付報酬之他方，為定作人。此外，對於承攬工作種類，法律上並無加以限制，只要是不違背公共秩序或善良

---

❶　羅馬法上之租賃，可分為物件租賃以及勞務租賃，前者即為現今的租賃關係，而後者可包含僱傭契約與承攬契約兩種，參高明發，《司法院研究年報》，第 22 輯第 3 篇〈承攬之理論與實務〉，司法院司法行政廳編輯，司法院出版，91 年 11 月初版，p. 1。

❷　清末變法圖強將民律草案加以修訂，使得舊有的許多無名契約得以逐步的條文化，承攬契約當然也包含在內。之後隨著民國的建立，許多來不及施行的大清民律草案亦跟著修正，其中債編於 18 年 1 月 22 日公布，並於次年 5 月 5 日實行。關於承攬的部分主要仍本於原先的大清民律草案，僅將運送和承攬運送的部分，獨立為其他各節。但隨著時代的演進，舊有的條文已逐漸無法因應現今社會交易的需求，為求解決相關爭議，遂於民國 88 年 4 月 21 日修正公布新條文，以期待能適應現今社會之需求。

風俗，可以滿足人類日常生活所需要者，均可成為承攬契約之標的❸。

在對於承攬的概念有了初步的認識後，我們必須了解承攬在現今社會的市場交易中，占有相當重的分量，因此要如何避免承攬契約雙方當事人發生糾紛便顯得十分重要。一般而言，承攬契約在履行的過程中雙方可能會產生許多的爭端，例如：㈠承攬契約中定作物的所有權歸屬及所有權的變動❹；㈡定作物瑕疵之擔保與修繕❺；㈢定作物危險的負擔❻；㈣承攬人的法定抵押權行使範圍❼……等，都是承攬契約中，雙方當事人容易發生爭端的地方，亦是承攬契約所特有的問題。對於上述的爭端以及相關問題，本書均會在後面的章節加以探討、說明。另外對於承攬契約報酬與給付、定作物權利的移轉以及工作之遲延❽……等問題，於一般買賣契約中亦多所見，本書將適時予以補充說明。

對於一般鄉間或都市近郊周邊所常見的地主與建商共同合作開發的案型❾，這種房地合建契約的爭點在於雙方當事人間對於契約定性的問題，

---

❸　例如小孩子滿月時，煩請小吃店幫忙做油飯或是每逢端午、中秋、清明請人製作粽子、月餅、春捲等等應景的小吃……等，以上均可認為係為承攬契約之標的。

❹　這部分主要是指定作物所有權權利之變動情形，例如校舍新建之情形，其校舍動工時（起造時）、興建時以及完工時所有權的歸屬分別係屬何人？是定作人（學校或教育局、教育部、市政府）還是承攬人（建商）？

❺　例如定作物完成後，定作人在驗收時或驗收後方發現定作物有瑕疵。

❻　例如校舍在興建中，點交驗收前，突然遭逢大地震，該樓房全毀，此時承攬人（建商）是否仍然可以請求付款，而無須再興建新校舍？舉凡這類契約標的物的問題均屬危險負擔的範疇。

❼　這部分在修法前比較有爭議，但在修法後並非全無討論之必要，當事人間因此而產生爭執者亦屢見不鮮。

❽　如原先契約約定校舍須於 94 年 8 月前完工，以便於 9 月時學校得以順利招生、上課。但直至該年 10 月仍未完工，此時便屬工作遲延的問題，其性質亦屬於給付遲延的一種態樣。

❾　例如地主 A 有土地一甲，位於鳳山市周邊，地段良好，無論提供住宅或招商都很合適。然因為地主本身無資力，故與建設公司合作，由建商協助蓋屋，共

蓋雙方得以契約訂為承攬契約，亦得訂為買賣契約，甚至是合夥契約或其他無名契約。當事人採行上述各種契約各有不同的優缺點，端視當事人間應如何解釋與運用。此外，尚有和房地合建相關的房地委建契約，即地主委託建商在自己土地上修建房舍，單就這點而觀和房地合建並無差異，但有學者並不完全認同而認為兩者實際上存有差異。因為房地合建和房地委建契約，存在著許多更值得我們深入討論的地方，契約所牽涉的標的亦較為龐大，一旦產生爭執也較為複雜❿，所以在這部分我們將特別予以專章討論。

對於本書的寫作方式，作者希望能以比較活潑生動，並且盡量輔以生活實例，協助讀者了解承攬的意義以及相關的法律條文，藉以幫助讀者對承攬契約能有所認識，以便日後碰到相關法律問題時，即使不能完全靠自己解決，但也不至於造成權利上之無謂損失。此外，由於一個法律概念很難加以切割或分開討論，所以本書體例上的編排將採取前後呼應的方式，讀者會在本書的編章中見到前後參照或僅以點的方式導出概念而交由某章節作完整性的論述。採取此一方式的目的，主要在協助大家能對法律概念有全面性、整體性的了解。本書的編章內容概論如下：

第壹編——承攬之概說

這部分主要是協助讀者對於我國現行法上有關於承攬的條文能有初步認識，並同時了解承攬契約的法律性質，另外，並希望加深讀者對各種特種承攬契約的了解，以及判斷承攬、委任、僱傭三種勞務契約彼此間的差異。

　　同開發手中的這塊地，這部分即屬於房地合建的範疇。

❿　最明顯的例子就是房屋蓋到一半所產生的契約履行爭議。此種情形對於建商、地主以及屋主而言都會造成其財產上之重大損失。所以，對於這種契約如果事先不能訂立完善，避免掉一切可能發生的紛爭，將來所引發的法律問題是相當複雜的，所牽涉的層面也相當的廣。

第貳編——承攬人之義務

主要是陳述承攬契約中承攬人所須負擔之義務為何，猶須注意承攬契約之瑕疵擔保責任與買賣契約不同之處，就債務不履行責任而言，承攬之規定有其特殊處而異於債總之規定。

第參編——定作人之義務

主要是陳述承攬契約中定作人所須負擔之義務為何，而為了使承攬人之報酬可以獲得保障，承攬特別規定了定作人有忍受承攬人設定抵押權之義務。

第肆編——承攬契約效力之消滅

對承攬契約效力之消滅作介紹。

第伍編——合建、委建與承攬

主要是希望協助讀者了解到這三者間的互異，另外作者將針對各種房地合建契約[11]需要注意的地方作一個詳盡介紹，並兼論房地合建契約和承攬契約間，學說及實務具爭論性的問題。

---

[11]　參照前面所舉地主提供土地和建商合作建屋的例子。

第 二 章

承攬契約的意義

我國將承攬定為一有名契約，主要規定於民法債編各論第八節部分，自第 490 條以下，到第 514 條為止，總共二十五條；不過，如先前所述，本部分僅止於一般承攬契約，至於運送與承攬運送則因民法各種之債另有明文，且其契約性質與法律保護重點未必完全和一般承攬契約相同，故不在本書討論之範圍。

在了解承攬的詳細內容之前，有必要先認識承攬的條文規範。第 490 條為承攬本節中的第一條規定，對於承攬契約有著明確的定義，所以自然成為理解承攬契約法律規範的最好方法。第 490 條第 1 項：「稱承攬者，謂當事人約定，一方為他方完成一定之工作，他方俟工作完成，給付報酬之契約。」其中，一般通常以替人完成工作者，稱之為承攬人，例如製作西服的師傅，或裝潢工程的承包商等；而委由他人完成一定之工作，並由此給付工作報酬者，稱之為定作人，例如訂做西服的客戶，或是請人為裝潢工程的公司等。至於所完成的東西，例如西服、裝潢等，則稱之為工作物。

當我們了解了上述幾個基本名詞後，再對承攬契約作討論也就容易許多。由第 490 條第 1 項，可知承攬契約具有以下特徵：

一、承攬是約定承攬人為定作人完成一定工作之契約

工作之完成是承攬契約所特別強調的重點，就這點看來，它代表著兩個層面的意涵，一是利用勞務以促使工作之完成，二是藉著工作之完成以達成約定結果。

二、勞務的實施

所謂利用勞務，乃是承攬契約必須藉由實施勞務的方式，達成承攬契

約的主旨。實施勞務是所有勞務契約的共同特性，惟服勞務並非承攬契約的重點，僅是手段罷了。不過，值得注意的是，承攬契約雖然有勞務實施之要求，但是承攬人並無親自「履行勞務」之必要，除非當事人有明文約定，或由契約的本質中可知❶，否則由第三人實施並非不可❷，實際運用上也多有所謂的「轉包」情形；所以，勞務的實施原則上是可以由第三人代為履行。

三、工作之完成

承攬係以工作完成作為契約之目的❸，而所謂工作之完成，係指利用服勞務而達成一定的工作效果，故就此部分而言，強調工作的完成「結果」是承攬契約和其他一般勞務契約最常見的區別方式，而非僅止於努力執行工作為滿足。至於工作所應完成程度，依民法第 492 條之規定，應使其具備約定之品質，及無減少或滅失價值，或不適於通常或約定使用之瑕疵❹。如一般建設公司蓋房子，除要求須把房子蓋好外，尚須達到可以為通常使用之程度始得謂已完成，例如屋內之水電設施尚未裝設，則建設公司不得謂該屋已完成。

在工作的範圍部分，則必須以個案判定之。例如，就承攬新建房屋的工作案，一般習慣認為承攬建設公司的工作範圍應該包含整地、打樁、豎立鷹架等等，即便未規定在契約中，這些都是工作範圍的一部分，屬於原主體工作的準備工作，而通常包含在原先約定的價金範圍內，不得再行請

---

❶ 例如和畫家約定畫幅畫擺在自家客廳，此時依常理判斷便是要求該畫家必須親自完成該畫作。

❷ 參 65 年臺上字第 1974 號判例：「……承攬除當事人間有特約外，非必須承攬人自服其勞務，其使用他人，完成工作，亦無不可。……」

❸ 參 84 年臺上字第 2249 號判決：「承攬係以『工作』之『完成』為目的之契約，於未依當事人之『約定』，發生預期之『結果』（非祇『效果』）前，自難謂承攬工作業已『完成』。……」

❹ 參黃立主編，楊芳賢著，《民法債法各論（上）》，元照股份有限公司，91 年初版，p. 594。

求支付報酬。

　　最後，談到的是工作的內容，其可謂包羅萬象，結果為有形的、無形的在所不問，只要不違反公序良俗均可。

(一)有形的結果

　　此係指承攬人完成工作，並提出一個具體的有形「物」作為工作之結果。一般說來，製布織衣、打鐵冶金、土木工程、房屋裝修、室內裝潢、寫信打字、印刷裝訂、包機包車、修理器具等等均屬工作完成後必須提供一個具體且有形的「物」(即結果)。

(二)無形的結果

　　工作結果可以是無形的，無法提出具體物的，實務上亦多有案例❺。一般情形，工作內容若以文字音樂創作或是提供專業協助為主軸的，性質多半是屬於無形結果。而舉凡律師訴訟❻、代書過戶、偵探調查❼、歌舞

---

❺　參91年臺上字第992號判決:「按稱承攬者謂當事人約定一方為他方完成一定之工作，他方俟工作完成，給付報酬之契約。報酬應於工作交付時給付之，無須交付者，應於工作完成時給付之。民法第四百九十條、第五百零五條分別定有明文。全國公司於原審已抗辯:豪○公司謂86年1月至5月代理伊廣告，並代伊繳付廣告費，如豪○公司曾代理伊向台視、華視等刊登廣告，並代墊廣告費，則台視、華視等媒體收豪○公司代付廣告費，依法應開具發票予豪○公司。而卷附豪○公司所提出，似係豪○公司製作之企劃書，均不足證明豪○公司確已完成所承攬之廣告工作。」

❻　律師包攬訴訟極可能是違反我國律師法的行為，但事實上，律師以承攬方式承接案子並沒有絕對的對錯。目前，學者大多將律師承接訴訟案件的行為定位為有償委任契約，但仍然有不同看法。

❼　一般偵探調查會提出調查結果報告，但所謂的結果報告僅是文字的結合，當事人所強調與所期待的，並不是那些文字，而是文字所陳述的意義，文字組合後所代表的結果;所以就這部分來看，文字報告已經不具有意義，偵探社找人用念的方式作報告亦無不可，此時難道作書面報告和用口頭報告會有不同差異嗎?因此，偵探應該是歸屬於無形的工作結果。

表演、算命風水、財產估價、演奏戲劇、看護照料等等均屬工作完成後無法提供一個具體而有形「物」的工作結果。

四、承攬是約定由定作人給付報酬之契約

由第 490 條第 1 項可知，承攬契約中，定作人必須支付報酬給承攬人，故報酬的給付是承攬契約成立之要件之一。惟報酬的確切內容、數額未必皆需事先約定。就報酬成立部分而言，依照第 491 條第 1 項❽，依情形如非受報酬即不完成工作者，當事人視為允與報酬。報酬的確切數額，第 491 條第 2 項❾仿照第 483 條第 2 項❿之立法理由⓫，認為如當事人未約定者，依照價目表或習慣給付。

至於藉由價目表或習慣的方式決定交易報酬的理由很簡單，只要價目表或習慣已普遍為人所知，那麼定作人於委託工作前便應知悉該委由定作人執行工作必須給付一定的相當報酬，所以一旦定作人仍舊請託承攬人完成工作時，即表示默示該價目的存在，並解釋為藉由承認契約成立的方式，同意認可該價目表上或習慣約定上的報酬數額。

第 491 條第 2 項常見的例子，如髮廊往往在店門口張貼洗髮、燙髮或剪髮等服務內容（承攬之工作內容）的收費標準，此時顧客（定作人）一旦走進去、坐下並要求提供某項服務時，即表示默許接受價目表上面的收費標準，雙方並約定以此價額作為完成工作的報酬。

由上述可知，工作完成與報酬給付構成承攬契約的兩大核心要素⓬，

---

❽ 參民法第 491 條第 1 項：「如依情形，非受報酬，即不為完成其工作者，視為允與報酬。」

❾ 參民法第 491 條第 2 項：「未定報酬額者，按照價目表所定給付之；無價目表者，按照習慣給付。」

❿ 參民法第 483 條第 2 項：「未定報酬額者，按照價目表所定給付之；無價目表者，按照習慣給付。」

⓫ 參民法第 491 條立法理由：「……至於報酬額之多寡，如無特約，應使其按照價目表或習慣相沿之數而定期給付，此與第四百八十三條之理由相同。故設本條以明示其旨。」

此亦為承攬契約的必要之點，只要對該兩個要素達成意思合致，不論其為明示或默示❸，契約均為成立（第 153 條第 1 項及第 2 項）。且定作人與承攬人是本國人或外國人，抑或自然人或法人均無不可❹。而第 490 條之所以開宗明義地詳細規範承攬契約包含工作完成與報酬給付兩個要素，原因乃在於確保法律規範的明確性，避免案件適用上產生無意義的爭執❺。不過，對於未能符合工作完成與報酬給付兩個要素的契約，民法並非不允許其存在，只不過此時其性質將歸類為其他無名契約❻，而可能類推適用承攬的相關規定；在這樣的情況下，當事人仍有訂約的自由，只是必須承擔可能無法直接適用承攬規定的風險，民法基於契約自由的保障、促進有效交易的產生以及增進更多社會利益，原則上並不會否定該契約的成立與效力。

最後，在一般交易市場實際運作下，當事人也可能基於本身的需求，而將承攬契約附合其他類型契約，法律基於尊重私法自治原則當然沒有禁止的必要。例如買賣消防照明設備同時，要求必須連帶進行施工安裝，若買賣該消防照明設備是主給付義務，則契約的性質為買賣附有承攬之從給付義務。又如為顧客運送保留一定之座位或車輛之契約，乃是承攬附有使用供給契約，而給付電話契約為承攬、租賃與僱傭之綜合義務的特種契約❼。

---

❿　參黃茂榮，《債法各論》，自版，92 年初版，p. 400。

❸　參 86 年臺上字第 442 號判決：「……承攬契約因當事人互相意思表示一致者，無論其為明示或默示即為成立。即雙方對於一定之工作及報酬兩者，一經同意，承攬契約即為成立，既不須有任何方式，更無需為現實履行。」

❹　參鄭玉波，《民法債編各論（上）》，自版，81 年 10 月十五版，p. 347。

❺　參第 490 條立法理由：「查民律草案第七百三十四條理由謂承攬契約之成立，必須規定明確，始杜無益之爭論。此本條所由設也。」

❻　參民法第 529 條：「關於勞務給付之契約，不屬於法律所定其他契約之種類者，適用關於委任之規定。」此規範許多學者持不同的看法，且一般通說均同意勞務契約中並非不存在著委任以外的無名契約。簡而言之，承攬契約附合其他類型契約後未必即屬委任。

❼　參高明發，前揭〈承攬之理論與實務〉，pp. 3～4。

第三章
承攬契約的法律性質

　　所謂的法律性質，即在探討該契約或法律行為在法律上的定性問題，並希望能夠藉由明確的定性後，較能容易解釋這契約在法律層面上所扮演的角色，作為解釋所可能發生的法律爭議。就實際理解與學習角度而言，經由上一章對承攬的意義有所了解後，我們也就不難理解承攬契約法律上的性質。一般而言，針對承攬契約之法律性質，係以下列幾點作為討論部分：

一、承攬契約是有償契約

　　所謂有償契約，係指契約之一方必須支付報酬給契約之他方，他方乃因為履行契約而受有報酬；典型的有償契約者如買賣契約，買受人必須支付價金給出賣人 ⓲，故為有償契約。承攬亦屬有償契約，蓋第 490 條第 1 項明文規定承攬契約的定作人必須給付報酬給承攬人。不過，民法不可能這麼死板，強制剝奪當事人訂約的自由，降低市場交易成功的機會 ⓳，所以若雙方約定須由一方完成一定工作，但卻不用給付任何報酬時，仍可成立無償委任或其他無名契約，只是不直接適用承攬規定罷了。

⓲　參民法第 345 條第 1 項：「稱買賣者，謂當事人約定一方移轉財產權於他方，他方支付價金之契約。」

⓳　一般站在經濟學的角度會認為，只要市場上發生自主性的交易，買方和賣方就會產生「剩餘」（生產者剩餘和消費者剩餘），而這些剩餘的累積便能創造整體利益。法律制度也應該秉持著這樣的理念，只要交易行為不違反公共利益（如公共秩序善良風俗），應盡可能認許其交易的成立，而受合理範圍的法律保障；合理法律保障也能更加增進其他消費者和供應者進行新交易的機會。而承攬雖然未必是直接交付有形的物，但是承攬人提供勞務替定作人達成工作目的的行為，何嘗不是一種供給面的行為，當然也適用上述理論。

二、承攬契約是雙務契約

所謂雙務契約，是指契約當事人之雙方均負擔一定的給付義務，該給付義務具備對價關係，如買賣與租賃[20]為典型的雙務契約。買賣契約中，買受人必須支付價金，出賣人必須移轉並交付標的物；就租賃契約而言，租賃人必須支付租金，出租人則必須提供租賃物可使用之狀態。而雙務契約在法律上重要意涵很多，其中因為雙方皆負有給付之義務，故有同時履行抗辯權[21]與危險負擔[22]的問題。而承攬契約是承攬人必須完成工作，定作人必須給付報酬，兩者具備對價關係，所以承攬契約性質是屬於雙務契約。

三、承攬契約是諾成契約、不要式契約

由於承攬契約是當事人意思合致即成立，不以當事人現實給付為成立要件，故為諾成契約。且其意思表示不需再經由任何法定程序、要式為必要，故為不要式契約。

四、承攬契約是勞務性契約

契約一般以是否為民法債編所明文規範,可分為有名契約與無名契約；而以契約標的之性質又可分為財產性契約、勞務性契約與信用契約[23]。承攬契約為債編所明定，屬於有名契約（典型契約）；又承攬契約的標的係以

---

[20]　參民法第 421 條第 1 項：「稱租賃者，謂當事人約定，一方以物租與他方使用收益，他方支付租金之契約。」

[21]　參民法第 264 條第 1 項：「因契約互負債務者,於他方當事人未為對待給付前，得拒絕自己之給付。但自己有先為給付之義務者，不在此限。」

[22]　參民法第 266 條：「因不可歸責於雙方當事人之事由，致一方之給付全部不能者，他方免為對待給付之義務；如僅一部不能者，應按其比例減少對待給付。前項情形，已為全部或一部之對待給付者，得依關於不當得利之規定，請求返還。」

[23]　參邱聰智，《新訂債法各論（中）》，自版，91 年 10 月初版，pp. 14～15。

完成工作為契約內容，而工作之完成有賴於勞務的實踐，所以其自然屬勞務性契約。

承攬契約雖屬勞務契約的一種，但由於承攬以工作完成為契約標的，而該工作頗有商品意涵，所以承攬顯然較具商品契約之色彩，而與一般勞務性契約有著相當的差異，而這些差異就構成承攬契約的特色，其應可分為三部分[24]：

(一)不再恪守嚴格的勞務專屬供給原則

一般勞務性契約，因為基於對「人」信賴的特性，也就是人格性，所以通常具有勞務專屬性的要求。就勞務專屬性所代表之意涵有二，即勞務給付義務不得讓與，以及勞務請求權不得讓與。易言之，即禁止他人代服勞務與禁止他人請求服勞務。然而，就承攬而言，因為承攬的重點在強調工作之完成，所以對於實際上由何人施行勞務並非契約的重點，就此觀之，承攬契約在某程度已經解放勞務專屬供給原則。

(二)瑕疵擔保制度之適用

由於勞務本身難謂有瑕疵存在的可能，所以瑕疵擔保通常並不會出現在勞務性契約內容中。然而，由於承攬強調的是工作之完成，所以一旦工作完成內容是一有形的工作結果時，這有形結果即屬於一種具備財產性質的「物」，所以會有類似買賣之規定而有瑕疵擔保制度的設計。

(三)承攬得為解除

就一般勞務性契約而言，勞務一旦實施，便無回復之可能，故欲使契約消滅，其僅能行使終止權，不得解除。但就承攬而言，因為承攬契約強調的是工作的完成，所以勞務的實施僅不過是完成工作的手段，在此當然有解除契約之可能，這和一般勞務契約係以勞務為思考本位有著本質上的差異。

[24] 參邱聰智，前揭《新訂債法各論（中）》，pp. 40～41。

　　由前述可知，承攬契約雖仍屬勞務契約的範疇，但是由於其重點強調的是工作之完成，有著濃厚之商品色彩，而非單純的勞務給付，所以其契約性質和一般勞務契約已有所不同，這是我們在分辨、判斷承攬與其他勞務契約時所應注意的地方。

第四章
承攬契約的類型

　　單純由定作人委託承攬人完成工作，承攬人親自施行勞務而交付完成之工作者，為法律上的單純承攬，學理上則稱之為一般承攬。本書的介紹，原則上是以一般承攬為主，不過實務上仍然存在著其他比較特殊的承攬類型，這些特殊的承攬類型有時候反而常見；因此，我們希望先利用這章對此作簡單說明。

　　民法規範上雖然是以一般承攬為主，然而，現實經濟活動上，承攬契約有時候並沒有辦法像第 490 條第 1 項規定這麼簡單、單純，實際情況可能會複雜很多，定作人和承攬人間可能會各自本於自身的立場而使契約朝對己有利的方向進行，因此也就衍生出各種不同的承攬類型；其中，工作物材料之提供往往成為彼此差異最顯著的部分。所以，如我們能對於各種承攬契約的變形有適當的了解，之後再以一般承攬契約的原型為基礎，舉一反三並以此類推，對於各種承攬問題便能夠有著一定程度的認識，也比較容易進入接下來各編所要討論的其他問題。

　　由於承攬契約是由承攬人替定作人完成一定工作的契約，而完成工作可能需要兩個要素，那就是人和材料（工具因為不是耗材，再加上承攬人通常從事該行業，對承攬人而言這是他「吃飯的傢伙」，所以通常由承攬人準備，因此相較而言通常比較不那麼重要）；對這兩個要素可以演變成至少三種特殊的承攬契約類型，一般學理稱之為特種承攬契約。以下是幾種常見的承攬契約類型：

一、一般承攬契約

　　一般說來，學理上將定作人單純交付所需的材料給承攬人，由承攬人以該材料進行施工，並自己完成全部的工作，而不再轉與他人簽訂新承攬

契約的承攬情形稱之為一般承攬契約。這種承攬契約的契約性質與法律關係都是最簡單的，牽涉的法律問題也最少，所以被歸類於一般承攬契約，也稱之為單純承攬契約。

二、次承攬契約

所謂的次承攬，是指承攬人在承接定作人所託付的工作後，再以原承攬工作之全部或部分範圍作為工作內容，轉與第三人訂立新的承攬契約，而和該第三人所簽訂的新承攬契約就是次承攬契約，亦稱為再承攬契約(即俗稱的轉包或分包)，而簽訂次承攬契約的承攬人便稱之為次承攬人，原承攬人則亦有稱之為轉包人或是主承攬人。

由於承攬契約的重點是工作的完成，至於勞務之實施僅是工作完成之手段，所以該工作由誰實施原則上承攬規定上並不過問，因此，除非法律有明文規定❷❺、當事人有特約或明顯可得而知的特殊習慣外，原則上承攬人將全部或部分工作交由第三人（次承攬人）並無不可。實際上，定作人託付承攬人後，承攬人往往基於自身技術❷❻或成本❷❼的考量，再去尋求其

❷❺ 參政府採購法第 65 條：「得標廠商應自行履行工程、勞務契約，不得轉包。前項所稱轉包，指將原契約中應自行履行之全部或其主要部分，由其他廠商代為履行。」本條之立法目的乃在於公共工程往往是基於公共利益之考量，而事先規定履約廠商本身的相關能力以及簽約資格問題，為了避免不具相關要件、資格與能力的廠商借他人名義為投標之不肖行為，所以規定得標公司須親自履行，並禁止轉包。

❷❻ 例如我們將老舊的房子交由建設公司重新整修、結構補強，而整修通常包含室內裝潢的工程，但是建設公司往往沒有自己的室內設計師或部門，所以可能沒有相關室內設計的技術或能力，因此即有必要再將室內裝潢的工程轉交由其他室內裝修公司。這樣的行為便是基於技術而訂立的次承攬契約，室內裝修公司便是次承攬人。

❷❼ 例如前一注釋之建設公司補強結構後，將內部裝潢的工程交給室內裝修公司，但室內裝修公司往往因為案子有限，設立一專門施工的部門通常划不來，因此可能只有設計師或監工而沒有僱用作粗工的工人。這時即有必要再將施工轉交由其他較小的建設公司，而這樣的行為是基於成本而訂立的次承攬契約，裝修

他第三人的協助，以共同完成工程，所以次承攬契約在社會生活中是很常見的。

必須特別注意的是次承攬契約和原承攬契約，原則上是兩個「獨立」的契約，原承攬契約有原承攬契約的定作人和承攬人，而次承攬契約也有它自己的定作人和承攬人，各自形成自己的法律關係，但都適用承攬相關法律規定；只是「剛好」原承攬契約的承攬人就是次承攬契約的定作人，所以相對之下，次承攬契約也才會稱之為次承攬契約；簡單的說，次承攬契約和原承攬契約本質上並沒有直接法律關聯，除了中間存在一個相同的「人」（即原承攬契約的承攬人就是次承攬契約的定作人）外，和一般的承攬契約並沒有差別。因此，我們不難理解到次承攬契約和原承攬契約存在著這樣的情況：

(一)就次承攬人而言

次承攬契約的承攬人只向自己承攬契約（即次承攬契約）的定作人負責，不過，在有關政府機關的採購招標情形，為了保護招標設施之品質，分包廠商就其分包部分，與得標廠商需負連帶瑕疵擔保責任❷。另外次承攬人與原承攬契約定作人並沒有債之關係存在，以他的報酬也僅能夠向自己承攬契約的定作人（即原承攬人）請求，並不能直接向原定作人要求支付報酬。

(二)就原定作人而言

原承攬契約的定作人是要求自己承攬契約（即原承攬契約）的承攬人

工人便是次承攬人。

❷ 參政府採購法第 67 條：「得標廠商得將採購分包予其他廠商。稱分包者，謂非轉包而將契約之部分由其他廠商代為履行。分包契約報備於採購機關，並經得標廠商就分包部分設定權利質權予分包廠商者，民法第五百十三條之抵押權及第八百十六條因添附而生之請求權，及於得標廠商對於機關之價金或報酬請求權。前項情形，分包廠商就其分包部分，與得標廠商連帶負瑕疵擔保責任。」

履行，和次承攬契約承攬人彼此並沒有任何契約關係。所以即使次承攬契約的工作發生法律糾紛，例如工作物有瑕疵、給付遲延、給付不能、或甚至更惡劣的故意不施工等情況，仍然無法直接向次承攬人請求任何法律上的權利，當然更無法直接向次承攬人要求完成工作。

(三)就原承攬人而言

由於次承攬人屬於原承攬人所負債務之履行輔助人，所以原承攬人就次承攬人之故意過失，依民法第 224 條❷之規定，應與自己之故意過失負同一之責任❸。

(四)就兩者的契約效力而言

由於兩契約各自獨立，所以即便原承攬契約效力有瑕疵或甚至無效的情形，並不會影響次承攬契約的效力。即便原承攬契約有禁止再承攬之約定，亦非當時使次承攬契約為無效，僅是發生原承攬人對原定作人負債務不履行責任之問題❸。

三、製造物供給契約

製造物供給契約，亦有人稱之為買賣承攬契約、工作物供給契約、承攬供給契約或作成物供給契約❸，其和一般承攬契約的差別在於承攬人除

---

❷ 參民法第 224 條：「債務人之代理人或使用人，關於債之履行有故意或過失時，債務人應與自己之故意或過失負同一責任。但當事人另有訂定者，不在此限。」

❸ 參史尚寬，《債法各論》，自版，75 年 11 月六刷，p. 308。

❸ 參史尚寬，前揭《債法各論》，p. 308；鄭玉波，前揭《民法債編各論（上）》，p. 350。不過亦有認為原承攬契約無效、解除或終止時，次承攬契約會因其標的而失效，參高明發，前揭〈承攬之理論與實務〉，p. 7；劉春堂，《民法債編各論（中）》，三民書局，民國 93 年 3 月初版，p. 29。

❸ 參 91 年臺上字第 1133 號判決：「作成物供給契約亦稱『承攬出賣』或『承攬供給契約』，謂當事人一方專以或主要的以自己的材料作成之物，供給他方，而他方給付報酬之契約。」

了提供勞務外，還必須自己提供材料來完成工作物(此即俗稱的包工包料)；而一般承攬契約則是由定作人供給製作工作物所需要的材料給承攬人（俗稱包工）。而現今的日常交易活動中，其實以買賣承攬契約較為常見，比較熟悉的例子如委由建設公司興建新房或舊屋整修裝潢，不論是興建或整修裝潢，都是由建設公司施工並自己供應自己施工所需要的一切材料。

經濟交易中以買賣承攬契約為常見的原因很多，主要是通常情況下藉由承攬人專業知識與對相關物料市場的熟悉，自然會比一般門外漢，即一般定作人來得占優勢，故往往能迅速且便宜地取得相關工作所需之物料。再者，也因為承攬人多半本身就是工作實施者（勞務的施行人），所以自然最能了解其所需要物料之種類、品質與型號。

於此，我們對買賣承攬契約的意涵作個簡單總結，買賣承攬契約必須完成一定的工作物，而完成工作物又有賴本身勞務的施行，就這點來看它具備承攬的特性，和一般承攬契約沒有差別。但是，另一方面，買賣承攬契約卻必須由承攬人自己供應完成工作物所需要的材料，這部分又和一般承攬契約有別，使得買賣承攬的契約內容不再是單純的給付勞務而已❸。又因材料由承攬人提供，工作物自一開始的加工到最後的完成，都屬於承攬人所有，其已非單純實施勞務的一般承攬契約所能涵蓋的；因此它的性質反而較近似於買賣契約。

既然買賣承攬契約必須供給材料，而這些材料原則上不是無償的，只是通常會依照民法第490條第2項推定為整體報酬的一部，所以此時契約的性質是買賣還是承攬？還是適用其他契約規範❹？對於這個問題，實務

---

❸　當然，我們也可以解釋買賣承攬契約就是由定作人先向承攬人買下承攬所需要的材料後，再由承攬人實施勞務以完成工作。不過，值得注意的是，這樣解釋只是幫助大家體會為什麼買賣承攬契約會和買賣契約有關聯，但是實際上這樣解釋並不多見，通常在解釋法律爭議問題時也不是個很好的選擇。

❹　適用不同的契約規範自然會對雙方當事人造成極大的影響。例如若解釋是承攬，那麼承攬人便可以享有民法第513條的法定抵押權；反之，如果解釋為買賣，那麼買賣契約的瑕疵擔保制度對於買受人（定作人）要好得多了，最明顯的例子之一便是買賣主張瑕疵擔保的期限為五年，較一般承攬的一年來得長。

和通說各有其見解，也有少數學者的觀點值得我們注意。以下即說明此問題之相關見解。

㈠當事人意思主義說

此說為實務❸❺和通說❸❻所採行，係指以當事人的意思為判斷標準。若當事人間著重於工作的完成，其性質為強調勞務的實施，所以應該歸屬於承攬契約。反之，若當事人間著重的是工作物的交付，那麼勞務實行反而不是那麼重要，因此可解釋為買賣。然而，當事人間的真意往往無法明確的得知，此時便需有賴其他的解決方式。此說認為，由於買賣承攬契約兼具買賣契約和承攬契約雙重性質，所以如果當事人間意思不明的話，就直接視為「混合契約」，意即工作物完成的部分適用承攬之規定；而工作物的財產權移轉部分則適用買賣之規定。

相關條文可參民法第 365 條、第 498 條、第 513 條。

❸❺ 參 59 年臺上字第 1590 號判例：「買賣乃法律行為，基於買賣取得不動產之所有權，非經登記不生效力，與承攬之定作人原始取得工作物所有權之情形不同。至所謂工作物供給契約，即工作全部材料由承攬人供給者，如當事人之意思重在工作物財產權之移轉時，仍不失為買賣之一種。」併參 91 年臺上字第 1133 號判決：「學者稱之為『作成物供給契約』(亦有稱承攬供給契約)，即若以工作完成為契約目的者為承攬；若以標的物所有權之移轉為主要目的者則為買賣。準此，被上訴人將上開材料加以彙整組裝，為契約之主要內容，上訴人為主要及大部分材料之所有人，雖被上訴人提供電阻、電容等小部分零件，惟依民法添附之規定，此部分材料已因加工附合而屬於主要材料所有人即上訴人所有，是兩造間契約並非以標的物所有權移轉為目的，故應認本件兩造契約為承攬關係。」

❸❻ 參史尚寬，前揭《債法各論》，p. 304；鄭玉波，前揭《民法債編各論 (上)》，pp. 350〜351；王和雄，〈承攬供給契約之性質及其工作物所有權之歸屬〉，收錄於鄭玉波主編，《民法債編論文選輯 (下)》，五南圖書出版公司，民國 73 年 7 月初版，p. 1123。

(二)價金範圍說

有學者❸對於前述的判斷方式有不同意見，其認為採意思說會造成以偏概全之結果，蓋若當事人之意思重在工作物之完成，而將其定性為承攬契約，則材料供給部分又將如何定其法律性質；反之，若以為當事人之意思重在財產權之移轉，將其定性為買賣契約，則當事人約定完成工作部分之意思又完全受到忽略。

另外在當事人意思不明時，雖將其解釋為混合契約，但其適用之結果將獨厚於買賣而輕忽承攬。蓋承攬之所以有異於買賣，乃在於承攬人完成工作物乃是其義務，其並不會取得工作物之所有權，但若解釋為混合契約，將造成工作物所有權原始歸屬於承攬人，其結果與買賣幾乎無異。更嚴重的問題是，在一般的承攬下，承攬人對完成的工作物雖無所有權，但法律賦予承攬人享有法定抵押權（第 513 條），但若按照通說之解釋，將造成工作物之所有權歸承攬人所有，並且其還享有法定抵押權。這在目前之社會交易狀態下，製造物供給契約的承攬方常為企業經營者，其定作人常為消費者，這樣對定作人而言根本沒有足夠制衡的權利，保障似嫌不足，有違公平原則。

因此，此說認為製造物供給契約性質的認定，應該由材料的價額是否已包含在承攬的報酬中為判斷即可。若該價額包含材料所需的費用，則應該適用承攬規定；反之，若僅止於勞務的部分，材料費用另行計算，則應該適用承攬和買賣的混合契約，但僅材料供給的部分是適用買賣規定，至於工作完成的部分則仍適用承攬規定。

(三)代替物說

此說認為完成物若為代替物，則在類型上較接近買賣，惟因當事人有完成工作之合意，故兼有承攬之意涵；反之，其所完成之物若為非代替物，在類型上則較接近於承攬，惟因其既屬於有償契約，於性質許可的範圍內，

---

❸　參邱聰智，前揭《新訂債法各論（中）》，pp. 47～49。

類推適用有關買賣之規定。所以此說雖認為製造物供給契約是混合契約，但其認為需區分情形與事由，而分別類推買賣與承攬之規定❸。

(四)本書見解

民法是規範私人間經濟活動的法律，所以應該本於當事人自主原則的精神，原則上要「絕對」尊重當事人的意思自由，除非有其他更堅強的理由，如社會公益，否則對於當事人決定自己的經濟行為方式、處分自己的經濟財產都不應該予以干涉，或甚至任意解釋當事人的經濟行為模式。所以，當事人間即便產生爭執，但若其本意不在於買賣，法律人卻自己解釋說材料部分適用買賣，恐怕也會讓當事人感到訝異，所以當事人意思主義說甚為有理。然而，價金範圍說對當事人意思主義說的批評也不無道理，尤其是當事人間意思不明或有爭議時，實質上將偏重於買賣契約，且適用之結果有背於公平正義，這點的確是通說所沒有注意到的。

因此，本文認為，如果當事人彼此間真意明確，自然依其真意選擇所適用之契約類型，而自行承擔所生的風險，除非有明顯不公平的情形，否則法律不應該過度介入。但若當事人間意思不明或無法得知時，應該回歸到法律面的本質尋求合理的答案。特別在第 490 條第 2 項❹修法後已明確規定若材料由承攬人提供者，材料之價額推定為承攬報酬之一部，既然材料價額包含在報酬費用中，則當然適用承攬規定。換句話說，如果當事人間真意不明時，由於第 490 條第 2 項已有明文規定，所以必須解釋為承攬契約，以避免造成當事人間的錯愕（訴訟突襲）。

然而，若當事人間的報酬並沒有包含材料的價額，且當事人間真意又不明時，這時應該認定為是買賣與承攬的混合契約。解釋上應認為材料部分是由定作人向承攬人買下，再交由承攬人施工以完成工作，此時並沒有偏袒任何一方，方稱公允。但值得注意的是，有時定作人可能自始連材料

---

❸　參劉春堂，前揭《民法債編各論（中）》，pp. 29～30。

❹　參民法第 490 條第 2 項：「約定由承攬人供給材料者，其材料之價額，推定為報酬之一部。」

都無法得知，或甚至從頭到尾都沒看過，這時解釋為材料是買賣，恐怕也無法符合當事人實際情況，難免稍嫌牽強。因此，認定上應該認為當事人間強調的是承攬人完成工作，材料的價額僅是因為某些因素，例如時價因素，而有必要另行分開計算，但並不影響承攬契約的本質，所以性質上應該是單純的承攬契約。如此的解釋方式也比較能夠符合一般當事人合理的期待。

總結來說，製造物供給契約的性質，原則上應該是以當事人間的真意為判斷；如果當事人間意思不明時，則以材料是否包含於報酬中為準，如果是，則性質便是承攬；如果不是，原則上是承攬與買賣的混合，特殊情況則解釋為承攬。

四、不規則承攬契約

所謂的不規則承攬契約，是指由定作人供給工作所需的材料，但是承攬人仍然有權利決定是否以自己的材料替換定作人所供給的材料，其他的部分則與一般承攬並沒有區別，例如拿米給爆米香業者製成爆米香。而此種契約之成立，除當事人有約定或默示外，尚得因習慣而成立，例如，民間鄉下於年節時，常有交付稻米給鄰居委託其製作糕餅，此時當事人雖無約定，但仍可因習慣而成立不規則承攬契約❹。

這種契約類型，與一般承攬契約最大的不同處在於承攬人有變更定作人所供給材料之權利。而物可以以他物替代者限於代替物，所以不規則承攬契約須其材料為代替物者，才有成立之可能❹。且若以其他材料代替者，除須同種類外，尚須為同品質與同數量之物，在品質的確定上應依照民法第 200 條第 1 項❹之規定，例如委託人家幫忙做油飯的例子，如果承攬人打算以自己的材料作替換，則自然至少必須以相同等級、數量的材料為替

---

❹　參邱聰智，前揭《新訂債法各論（中）》，p. 43。

❹　參邱聰智，前揭《新訂債法各論（中）》，p. 43。

❹　參民法第 200 條第 1 項：「給付物僅以種類指示者，依法律行為之性質或當事人之意思不能定其品質時，債務人應給以中等品質之物。」

換，若採用更高、更好、更多的材料當然也可以，只是除非有第506條的適用，否則原則上因此所增加的費用如未經定作人同意，承攬人即應自行吸收。

不過，關於不規則承攬契約仍然有幾個重要的問題，即有關材料所有權之變更、工作物所有權以及不規則承攬契約的性質等。分述如下：

㈠材料所有權變更問題

為什麼需要擔心材料所有權歸屬的問題，承攬契約重要的不是承攬人完成工作後依約將工作物交給定作人就好了嗎？關於這個問題我們應該這樣想，如果契約好好的，沒有意外，大家都乖乖的照當初契約走，自然就沒有爭議產生，討論這問題也就僅止於學理上的邏輯推演層次而已。

但是若張三拿一袋糯米給餐廳廚師李四請求其代為製作油飯，以作為彌月送禮之禮盒，但該袋糯米卻因颱風來襲而遭大水沖走，這時究竟要由張三再重新買一袋糯米給廚師李四，還是要由李四自己去買一袋糯米呢？此即涉及危險分擔問題，一般認為，物的所有人因為享有所有權而由其負擔風險是較為公平的，此即所謂天災歸所有人負擔理論。在一般承攬，承攬人不得以定作人所供給材料以外之材料來完成工作，因此材料之危險，應由定作人來負擔❹；所以，我們在不規則承攬契約探討材料所有權人移轉是有其實益的，材料之危險依民法第347條準用第373條之規定，於所有權移轉時起歸承攬人負擔❹。

而對於材料所有權的歸屬問題，有三種不同看法：

1. 交付說

顧名思義，自然就是以定作人交付材料給承攬人時，便發生所有權移轉，此乃因法律上動產所有權之移轉是以交付時為準。此說為我國通說所採❹。

---

❹　參民法第508條第2項：「定作人所供給之材料，因不可抗力而毀損、滅失者，承攬人不負其責。」

❹　參林誠二，《民法債編各論（中）》，瑞興出版，民國91年3月初版，p. 59。

2. 工作完成說

此說的想法是定作人交付材料時尚不至於發生材料所有權的變動，應該是等到工作物完成後（如果完成後尚須交付者，則改以交付工作物之時點為準），材料所有權才發生移轉。這說法係恪守一般承攬契約的典型處理方式❹⑥。

3. 代替說

此說認為定作人交付材料時並不當然發生材料所有權的變動，必須等到承攬人以自己材料作替代時，所有權才會發生移轉❹⑦。

4. 本書見解

由於承攬人是否會替換定作人的材料尚無法確定，若承攬人自始至完工後都沒有替換材料，那麼它的法律關係應該和一般承攬契約無異，不應有差別解釋。然而如果採交付說，這部分就和一般承攬契約有別。再者，法律上動產所有權的移轉確實是以交付作為生效時點，但此種情形是當事人間有移轉所有權的意思，若無法解釋定作人在交付材料時有將材料所有權移轉給承攬人的意思，那麼何必硬性要求以交付為所有權移轉生效之時點？

不規則承攬契約實際上與一般承攬契約仍有差異，兩者差異的地方必須個別處理，無法完全比照一般承攬契約的模式。所以工作完成說、交付說都有其不妥當的地方，相較之下，代替說應較為可採，蓋此時承攬人既以他物來代替原材料，應可認為其於代替時有意更替為材料所有權人之意思。

---

❹⑤　參鄭玉波，前揭《民法債編各論（上）》，p. 351；邱聰智，前揭《新訂債法各論（中）》，p. 44；劉春堂，前揭《民法債編各論（中）》，p. 26。

❹⑥　在一般承攬契約中，材料自始至終都是由定作人所有，所以此說的確是試圖遵循一般承攬的處理原則。

❹⑦　史尚寬先生認為不規則承攬契約，並非以材料之所有權移轉於承攬人成為內容，惟約定承攬人得以他材料為定作人之材料，因而取得所有權，似採此說，參史尚寬，前揭《債法各論》，p. 310。

(二)工作物所有權歸屬問題

這部分主要是討論工作完成後，工作物所有權是由定作人自一完成時即取得呢？還是必須等到承攬人移轉後才取得所有權？這會影響到定作人權益的問題，最明顯的是如果定作人自始即取得工作物的所有權，那麼他可以直接依照物權規定主張相關權利，如第 767 條❹的所有物返還請求權，不用擔心工作物被移轉給惡意的第三人❹；反之，如果是必須等到承攬人移轉後才取得，這時僅能夠向承攬人依契約請求債務不履行或侵權行為的損害賠償了。所以對於工作物所有權，究竟由定作人或承攬人原始取得，有一定程度的重要性。

由於通說對於材料所有權問題採交付說，所以認為承攬人是以自己所有的材料為基礎進行工作，因此工作完成後，工作物當然也就是由承攬人取得所有權，之後再依照契約移轉工作物所有權給定作人❺。不過，有學者認為承攬之目的重在工作物之完成，材料的供給僅不過是其部分過程，所以單純以材料所有權的變更決定工作物所有權並不妥當；且定作人之意思，係在使承攬人完成工作，而承攬人之意思，亦在於為定作人完成工作，所以工作物的所有權應該解釋為由定作人原始取得❺。

(三)不規則承攬契約的契約性質

對於這問題有兩種不同看法，一說認為是互易與承攬的混合契約，另外一說則認為是承攬契約。

1. 混合契約說

---

❹ 參民法第 767 條：「所有人對於無權占有或侵奪其所有物者，得請求返還之。對於妨害其所有權者，得請求除去之。有妨害其所有權之虞者，得請求防止之。」

❹ 善意第三人仍然可以主張善意受讓以茲對抗。參民法第 801 條及第 948 條。

❺ 參鄭玉波，前揭《民法債編各論（上）》，p. 352；史尚寬，前揭《債法各論》，p. 310。

❺ 參邱聰智，前揭《新訂債法各論（中）》，p. 45；劉春堂，前揭《民法債編各論（中）》，pp. 29～30。

由於不規則承攬契約是承攬人得以自己材料替換定作人所供給的材料，所以就這部分而言無異是互易契約。但承攬人仍然必須替定作人完成工作，所以就這部分須適用承攬契約。因此，不規則承攬契約的契約性質就是互易與承攬的混合契約。

2. 承攬契約說

不規則承攬契約中，雙方所強調的重點仍是承攬人必須完成所約定的工作，而非僅止於「東西換來換去的層面」，互易不過是契約履行的手段，且實際上也未必就發生互易之情形，所以應解釋為純粹的承攬契約，才比較能符合雙方當事人的期待與契約之原始目的❷。

雖然承攬契約存在著這麼多種的衍生型態，但是只要在處理問題上，能夠秉持著法律是用來解決當事人問題的概念，也就不難理解其他的契約型態。且以上述契約作為基本法則去衍生、去類比，自然就可以了解新契約類型的法律性質。

---

❷ 參鄭玉波，前揭《民法債編各論（上）》, p. 350；邱聰智，前揭《新訂債法各論（中）》, p. 45。

第五章
承攬與其他關係契約

這一章之主旨係在協助了解其他契約和承攬契約之間的差異何在，只有當我們了解這些契約間的差異後，才能夠利用其間的差異選出適合自己情況與需求的契約類型。由於債編各論中存在的契約類型很多，與承攬有關係者也不少，所以我們打算是以契約所強調的三種重點，即財貨移轉、勞務供給以及其他要素此三種層面來談，希望能有系統的協助各位了解本章的重點。

第一節　承攬與買賣

買賣契約之目的是財產權之移轉❸，而承攬契約之目的則是完成一定之工作。從其目的看來二者似乎截然劃分，不至於混淆。但若是工作物為有形物時，常常亦會伴隨著工作物之移轉❹，特別是在製造物供給契約與不規則承攬契約，若採通說之見解，由承攬人自始取得工作物所有權，則在工作物完成後承攬人即亦負有移轉工作物所有權之義務，此時該契約究竟是買賣或承攬就會陷入不明之狀態。而承攬契約亦是一種有償契約，所以在工作完成後，定作人所支付的報酬，又相當於買賣所支付的價金，如此更增加二契約區分之困難。

---

❸　參民法第 345 條第 1 項：「稱買賣者，為當事人約定一方移轉財產權於他方，他方支付價金之契約。」

❹　此移轉在一般的承攬應是指工作物之交付，蓋在一般的承攬定作人是自始取得所有權，但是若在不規則承攬契約與製造物供給契約，採通說之見解，是由承攬人自始取得所有權，則此時承攬人便負有移轉工作物所有權的義務，所以在此所謂的移轉始採廣義的概念，包括了交付。

　　關於這個問題，我們應該切記，就買賣契約而言，標的物財產權之移轉，乃是其惟一之目的；而承攬的移轉財產權，只不過是其從義務，其本來之目的仍在於工作之完成。因而買賣是屬於財產契約之範疇，而承攬則仍脫離勞務契約之範疇；出賣人的債務是「給與」債務，而承攬人的債務則屬「行為」債務，意即承攬重在創作，並非給與，所以二者顯然有別❺❺。

　　而我們之所以要探討買賣與承攬是有別的，乃在於二契約是有其區別實益的，其所產生之效果顯然不同：

一、瑕疵修補請求權

　　瑕疵修補請求是物之瑕疵擔保制度中的一環，係指交易標的物產生瑕疵時，可請求對方修繕並除去瑕疵的權利。而所謂物之瑕疵，係指物的「實際狀態」與其「應有狀態❺❻」相比較下，其實際狀態有不利於債權人的差異，以至於物的價值或效用有滅失或減少之情形❺❼。

　　由於承攬契約強調是工作之完成，所以通常情況下，我們會認為承攬人具備修繕瑕疵的能力；相對而言，買賣契約中的出賣人通常不具備這種能力❺❽，例如賣東西給你的人可能只是扮演經銷商或中間商的角色，根本不具備修補瑕疵的能力，要求他做修繕的動作無異是強人所難。

　　簡言之，所謂的瑕疵修補請求通常僅存在於承攬契約中❺❾。至於買賣契約部分，在種類物之買賣中，買受人僅得要求另行交付無瑕疵之物❻⓪；

---

❺❺　參鄭玉波，前揭《民法債編各論（上）》，p. 352。

❺❻　其應有之狀態可能是當事人契約所明訂或該標的物所應具有的通常品質。

❺❼　參王澤鑑，《民法概要》，自版，民國 91 年 9 月初版，p. 341。

❺❽　這也是為何買賣契約制度中，對於特定物的物之瑕疵擔保僅止於減少買賣價金、解除契約或請求損害賠償，而不得主張瑕疵修補的原因了，參民法第 359 條與第 360 條。不過隨著商業的發達與時代的進步，移送給製造商維修並非難事；因此，不得請求修補瑕疵已遭受不少學者挑戰。

❺❾　參民法第 493 條第 1 項：「工作有瑕疵者，定作人得定相當期限，請求承攬人修補之。」

❻⓪　參民法第 364 條第 1 項：「買賣之物，僅指定種類者，如其物有瑕疵，買受人

因此，除非雙方有特約約定負有修繕擔保責任，否則並不存在請求修補的權利。

二、損害賠償請求權

對於標的物瑕疵所產生的可能問題，除了要求修補外，還可能因為瑕疵而衍生損害賠償請求。但是在損害賠償請求權部分，承攬與買賣彼此在要件上與權利行使期間上都有不同的規定。例如承攬規定只要瑕疵是可歸責承攬人的，便可以請求❻；買賣則要求必須是出賣人有保證其品質或故意不告知瑕疵的存在，才可以請求❻。

三、權利行使期間

買賣契約的權利行使期間依民法第 365 條規定，有通知者為六個月，未通知者則自物交付時起經過五年不行使而消滅；而承攬契約的權利行使期間，依民法第 514 條自瑕疵發現後一年間不行使而消滅，另外其瑕疵發現期間亦有限制，規定在民法第 498 條至第 500 條。

四、工作物所有權

關於工作物所有權歸屬的問題，除了部分特種承攬有學說爭議外，一般的承攬是由定作人自始取得工作物所有權，而買賣則是由出賣人移轉標的物所有權給買受人，所以買賣有一個權利移轉過程，而承攬僅是單純事實上的交付行為（就是不涉及法律上的權利移轉，僅是單純的把東西交給定作人），換言之，定作人是原始取得；而買受人則是繼受取得。

得不解除契約或請求減少價金，而即時請求另行交付無瑕疵之物。」

❻　參民法第 495 條第 1 項：「因可歸責於承攬人之事由，致工作發生瑕疵者，定作人除依前二條之規定，請求修補或解除契約，或請求減少報酬外，並得請求損害賠償。」

❻　參民法第 360 條：「買賣之物，缺少出賣人所保證之品質者，買受人得不解除契約或請求減少價金，而請求不履行之損害賠償；出賣人故意不告知物之瑕疵者亦同。」

當我們知道買賣與承攬有上述效果之後，我們在選擇交易方式時，就應該注意各自的好、壞處，正如承攬契約有瑕疵修補請求權而買賣契約則沒有。並且，由於買賣中間有一道權利移轉的手續，所以出賣人在移轉標的物給買受人之前，他有權利可以再賣給其他之第三人，買受人最後可能只能對出賣人請求債務不履行的賠償損害責任，而無法取得當初想要購買之標的物。而定作人原則上可以自始取得工作物所有權，但對於一切「天災人禍」的風險，原則上也必須自負其責。所以藉由這些爭點的討論，當我們面對未來的經濟交易時，應慎選契約的類型並把契約導向自己期望的方向，以合理控制交易所可能產生之風險。

第二節　承攬與僱傭、委任

僱傭、委任和承攬構成我國民法債各中有名勞務契約的主體，其他像是出版、承攬運送、行紀、經銷等等，都是由這三種演變而成。而事實上，即便是民間日常交易活動，幾乎所有的勞務契約都可由僱傭、委任和承攬所包含。換句話說，僱傭、委任和承攬是所有勞務契約的基本元素。

雖說這三種是所有勞務契約的基本，彼此共通點當然是都有涉及到一定的勞動或勞務的給付，但這三種類型並非可明確劃分。尤其是承攬本身不但涉及到勞務的執行，同時在有形工作物的承攬時，又會牽涉到實體工作物的給付；因此它的法律性質其實是很複雜的，在比較法學的角度來觀察，也可以驗證出這部分的複雜性，例如德國民法對於特種承攬中的不規則承攬❻❸以工作物的性質而區分為買賣和承攬兩種契約類型；古羅馬法則將承攬界定為「勞務租賃」❻❹，無異是認為承攬不過是承攬人單純提供勞力之契約罷了。既然承攬契約較為複雜，所以在此係以承攬契約為主，逐步去區分承攬、買賣與委任之契約類型。

---

❻❸　參本書第壹編第四章承攬契約的類型。

❻❹　參高明發，前揭〈承攬之理論與實務〉，p. 1。

第一項　承攬與僱傭

所謂的僱傭，是指一方支付工資，一方於定期或不定期之期限內為其服勞務的契約 **[65]**。然而承攬契約中，為了完成契約所託付的工作，自然必須利用勞務的執行來實現；因此，僱傭就服勞務的部分可能會和承攬執行工作的內容相關。

詳言之，僱傭是由受僱人替僱用人服勞務，例如公司聘請會計小姐負責記帳、小吃店僱請員工負責打掃等多半均是典型的僱傭契約，而承攬所要求完成一定工作也有賴勞務的執行才得以實現，因此其共同點在於兩者之契約目的皆有賴勞務的實施。然而，僱傭之目的在於服勞務，而承攬之目的在於工作之完成，雖然完成工作亦需承攬人服勞務，但僱傭之標的即為勞務之本身，承攬之標的為勞務之結果，至於服勞務僅為一種手段 **[66]**，所以兩者還是有本質上的差異。因而對於承攬和僱傭彼此差異的問題，應可由下列幾點去思考：

一、雙方契約的核心重點

一般學者均認為，承攬和僱傭兩種契約最大不同點在於，承攬契約特別強調工作的完成，而僱傭契約則著重於單純勞務的實施 **[67]**。

承攬契約，強調的是工作的完成，所以契約的核心內容在於要求對方必須提供執行勞務後產生的一定結果，而勞務的執行只是為了達到工作完成結果的手段。因此，承攬人即便已經施行勞務，但是卻沒有完成結果，就是違反承攬契約的精神，不符合承攬契約的要求。例如和偵探社約定必須掌握到某職員勾結外商公司的不法證據，偵探社雖然派人跟蹤了卻沒有得到任何證據，事後也沒有提出任何報告，這當然不算完成承攬契約的義

---

[65]　參民法第 482 條：「稱僱傭者，謂當事人約定，一方於一定或不定之期限內為他方服勞務，他方給付報酬之契約。」

[66]　參林誠二，前揭《民法債編各論（中）》，p. 65。

[67]　參鄭玉波，前揭《民法債編各論（上）》，p. 352。

務。又譬如先前常舉的裝修的例子，請建設公司來整修裝潢自己的房子，建設公司或室內設計公司雖然有派人來整修，但是卻沒有裝潢完就跑了，這樣當然不能算是完成契約義務。

而僱傭契約，強調的是勞務的給付，只要實施勞務，原則上就算契約目的達成，至於工作的結果如何在所不問。以偵探社的例子來說，偵探社可能再另行僱用偵探去執行調查不法罪證的任務，而所僱用的偵探只要按照公司規定的任務內容去跟監或是調查即可，至於事後總結報告對該偵探來說並非調查任務的工作重點。又譬如房子整修的例子，建設公司雖然和你約定裝修房子，但是不管有無完成裝修工作，他都必須付給僱請的師傅工資，師傅的工作義務只是每天來上工，時間到了就下班僅此罷了。

總之，承攬契約必須工作得完成才會有報酬，而僱傭契約則是不論工作有無完成，只要有執行便可領取報酬；這部分已反映在第 490 條「……俟工作完成，給付報酬之契約。」的條文中。然而，倘若當事人約定事前先繳納全部或部分報酬（例如承攬人要求先支付部分報酬充做材料採買費用），本於當事人契約自由原則，自然可以如此約定；只不過這時候這些報酬是以工作完成作為停止條件❻❽，如果工作並未完成，契約便無法有效被履行，定作人即可以依照不當得利❻❾請求返還先前已給付的報酬。

這部分，簡單來說可以區分為兩點：

1. 契約雙方目的

僱傭契約時，雙方的目的即在於要求受僱人提供勞務；反之，承攬契約中勞務的供給僅是達成目的之手段，其真正目的在於工作的完成。

2. 報酬與結果

僱傭契約中只要有供給勞務即可請求報酬；反之，承攬契約中不管有無實施勞務，皆必須以工作完成與否作為請求報酬的依據。

---

❻❽ 參民法第 99 條第 1 項：「附停止條件之法律行為，於條件成就時，發生效力。」

❻❾ 參民法第 179 條：「無法律上之原因而受利益，致他人受損害者，應返還其利益。雖有法律上之原因，而其後已不存在者，亦同。」

二、勞務義務人的可替代性（專屬性問題）

在此係一般所謂的勞務專屬性問題，和先前談到的屬人性是近似的概念。其內容是指，服勞務的契約義務人可不可以在未經對方允許的情況下，擅自將本身工作交付第三人去執行的問題。

在僱傭契約中，因為雙方契約的核心重點在於給付勞務，所以通常的情況下，我們會認為僱用人之所以會聘僱受僱人，是因為他認為受僱人擁有他所期望具備的要件，這些要件內容或範圍均相當廣泛；可能是某種特殊的工作技能，例如受聘程式設計員理論上需要具備程式語言與創造設計的能力；也可能是無形的人格層面，特別是指雙方本身所存在的一種信任關係，例如僱用人認為受僱人處世正直，所以願意僱用他管理財務或擔任出納。而既然僱用人願意聘用受僱人是因為受僱人本身的某種特質，所以原則上必須由受僱人自己「親自」給付勞務。如果允許受僱人任意將自身勞務交付第三人執行，則當初契約訂立的基礎又有何意義？因此，顯而易見的，在僱傭契約中原則上勞務義務人（受僱人）並沒有私自以第三人替代自己的可能性。

反之，在承攬契約中，因為雙方的契約重點在強調工作的完成，所以工作是由誰完成、以何種方式完成在所不問。一般會認為承攬人並沒有親自完成工作的必要，也就沒有所謂勞務專屬性的問題。而事實上，除非當事人有特約，否則係允許承攬人再行轉包，此部分便明顯表彰出承攬契約並無強調專屬性的問題。

三、勞務義務人自主權限與雙方經濟活動上之地位支配性（從屬性問題）

在一般勞務契約中，最常被注意到的問題之一便是出資人對於勞務義務人執行勞務過程中，是否擁有指揮權限？兩者在經濟活動上是否具備主從的地位關係？

在承攬契約中，當事人所強調的是工作的完成，所以勞務義務人，也

就是承攬人，有自行決定勞務執行方法的權利；相對的，定作人對於工作應如何完成便沒有干涉的權利。此外，通常承攬人獨立營業，其對定作人的義務僅止於約定工作的完成，因此彼此間不具備從屬性，承攬人原則上可以決定是否願意承接定作人的工作，甚或是否應允定作人訂約後新增加的要求（此於法律上可能是成立另一新契約）。

而在僱傭契約中，由於契約強調的重點是勞務的給付，所以對於勞務應該如何被執行與實踐，對於契約目的是否能順利完成有著相當大的影響。換句話說，執行勞務是僱傭契約的核心所在，所以僱用人對於受僱人如何執行工作當然有指揮的權限。此外，受僱人係為僱用人所聘僱，其對於僱用人所分配或指派的工作，原則上並沒有拒絕執行的權利。因此，在僱傭契約中，受僱人和僱用人間是有較緊密的主從關聯。

承攬契約和僱傭契約相較之下，承攬契約的勞務給付義務人有比較高的自主性與獨立性，而僱傭契約中，受僱人在服勞務的過程則必須時時受到僱用人的指揮與監督❼❶，所以勞務的執行是比較具備從屬關係的。這部分在實務上常可作為區分的輔助判斷標準之一❼❶。而此所謂監督，係指對勞務之實施方式、時間及地點加以指示或安排之一般監督而言❼❷。判斷該承攬人是獨立之事業主、是負擔事業計畫、損益計算、危險負擔之主體、執行勞務時不受他人之指揮監督、得為器材之調度，尤其是，應檢討該事業之沿革及社會經濟力等因素，以判斷其間是否具有使用從屬關係。判斷使用從屬關係之徵兆有：1.對於工作之請託、業務之執行有無承諾與否之自由，2.有無時間、場所之拘束性——勤務時間（上班、下班）、場所之指

---

❼❶　參楊芳賢，前揭《民法債法各論（上）》，p. 580。

❼❶　參89年臺上字第1301號判決：「……上訴人接受該公司交付之工作，係雙方就價格、數量、時間等條件磋商合意之結果，而非出於該公司之指揮監督。即上訴人係為自己之營業報酬而工作，並無經濟上之從屬性。該公司僅於工作期限屆至時，得要求上訴人交付工作物，上訴人得自由安排工作進度，不受該公司之指揮監督。上訴人並未納入啟有公司之生產體系，且係獨立自主的工作，而未與其他職工居於分工合作狀態，即無組織之從屬性。……」

❼❷　參81年臺上字第2686號判決。

定，3.有無由僱主決定業務之內容、於業務執行過程中僱主有無一般之指揮監督權，4.勞務提供有無代替性，5.報酬對勞務本身有無對價性格——對勞動之品質較差、曠工有無扣薪、加班有無加班費、有無扣繳所得稅等因素，例如作家當其不受工作時間、工作地點之拘束，可以自由許諾或拒絕工作時，即無使用從屬關係❼❸。

此外，在勞動市場的組成方面，由於勞務義務人自主權限以及契約核心的重點差異，所以在此二者交互作用下，一般交易型態便演變為勞動者，也就是契約勞務義務人，在市場所扮演的角色不同。在承攬契約中，勞動者往往可以承接許多案件，同時間進行一件以上的承攬工作，並為一位以上的不特定公眾提供服務；彼此的契約關係也比較不固定，通常時間也短。反之，在僱傭契約中之勞動者，也就是受僱人，在同時段內原則上僅對一個僱用人服務，兩者間存有比較固定、較長時間的契約關係❼❹。

而在實務運作上，勞動市場出現了第三種新型態的勞務給付契約。此種勞動契約之勞動者在自主權與支配關係上，性質係介於承攬與僱傭之間，主要是指一些企業為節省人事支出、提供行政效率，不以僱傭的方式聘請員工；該員工本身無底薪而是以績效獎金為主，企業卻仍然對他們有指揮監督和支配的權利，可以要求該員工必須完成一定工作；這樣的情形以各種金融業、保險業、或汽車銷售業為常見。這些行業往往都需要很多業務員來增加企業獲利機會，因此越多之業務員代表可以提供越多潛在的獲利機會，但既為潛在機會便表示未必可以獲利，完全依照僱員方式聘僱勢必

---

❼❸　參呂榮海，《勞基法實用》，蔚理法律事務所，1999年修訂版，pp. 7～8。

❼❹　參內政部74年7月19日⑺臺內勞字第326694號函復臺灣省工礦檢查委員會函：「……承攬契約乃一方為他方完成一定之工作，他方俟工作完成給付報酬之契約。此與勞動契約原則上有數點不同，列舉如下：㈠勞動契約以勞動給付為目的。以勞動結果為目的者，為承攬契約。㈡勞動契約於一定期間內受僱人應依僱方之指示，從事於一定種類之勞動。而承攬契約承攬人只負完成一個或數個之工作。㈢勞動契約受僱人對於僱方之勞務提供，多有固定持續之關係；而承攬契約，承攬人則多係同時可對公眾提供勞務，並不限於僅為定作人提供勞務。……」

將大幅增加人事費用的支出。另一方面，基於公司形象理由，這些業務員對於負責的商品必須接受相當訓練和公司的指揮監督。因此便演變為這種居於承攬和僱傭的特殊勞動型態。

對於這樣的契約型態，可以從兩個角度來討論之。如果只是單純探討民事契約關係，那麼其契約性質可能是混合契約（混合承攬和僱傭）。但是如果是探討企業對勞工責任的問題，那麼不能忽視實際上所具備的支配和從屬關係，因此應該傾向認定是僱傭關係，而適用一般勞動法規範❼❺。我國實務亦採此一見解❼❻。

四、勞務義務人執行勞務行為所衍生的賠償責任

這部分主要是指當勞務義務人在執行勞務時，如果因為本身的故意或疏失，導致不相關的第三人因而受有損害時，定作人或僱用人是否必須擔負相關責任的問題。

例如建設公司的工地進行建物外牆整修工程，但是施工中的水泥工卻因為本身疏忽，不小心將鷹架上的磚塊或水泥踢落，砸傷下面經過的路人，這時建設公司是否必須負責賠償相關的醫藥費或其他費用？

這問題或許在一般人的觀念來看，路人之所以受傷是因為水泥工本身的疏失，應該和建商一點關係也沒有，建設公司不需因此負擔任何費用。然而，若是依照民法的想法卻不盡然如此。服勞務之人理論上係受他的僱用人指揮監督，並因此使僱用人之事業活動範圍擴大，再加上勞動者是在服務的過程侵害到第三人，而且是為了幫僱用人服勞務的過程中產生的，所以僱用人與此侵害當然有某程度的關係，基於損益同歸思想，此時對於傷害的發生，僱用人本身可能就存在著監督的疏失，自亦需負責。不僅如

---

❼❺　此時解釋的方式可能是以類推民法脫法行為，或是依照實質法律行為進行闡釋，逕行適用所應適用的法規。不過對於這樣擇法方式是否可能賦予行政機關過大的權限，造成人民權利與司法自由過度限縮問題，本文認為應本於該法領域的特性去思考。這問題已超乎本書的範圍。

❼❻　參高明發，前揭〈承攬之理論與實務〉，p. 20。

此，即便僱用人本身沒有任何監督的疏失，也會認為通常情況僱用人會比服勞務的人具有資力，受害人若向僱用人求償將會來得比較容易些，所以基於僱用人的社會責任，而授權法院針對個案進行斟酌❼，已屬衡平責任。因此，依照民法第 188 條第 1 項，如果當事人間是僱傭契約，那僱用人必須和受僱人一同擔負連帶賠償責任❼。所謂連帶責任，即是針對損害賠償的金額負擔連帶債務❼，故受害人可以向僱用人或受僱人中的任何一人，請求一部或全部的賠償❼。至於實際情況若可完全歸責於受僱人本身的疏失時，僱用人可以在其所賠償給受害人的部分向受僱人求償❼，因為最終責任本還是會在受僱人身上，只是立法者基於上述考量而設計特殊規定罷了。反之，在承攬契約中，承攬人是不受定作人指揮的；而事實上，依一般交易情況，也不難發現承攬人和定作人間指揮監督等從屬關係薄弱，定作人不僅無法干預承攬人的行為，有時甚至連承攬人何時開始進行承攬工作也無從得知，所以前述的考量自然也就不存在。簡言之，如果當事人間的契約性質是承攬的話，依照民法第 189 條第 1 項，除非定作人本身有過

---

❼　參民法第 188 條第 2 項：「如被害人依前項但書之規定，不能受損害賠償時，法院因其聲請，得斟酌僱用人與被害人之經濟狀況，令僱用人為全部或一部之損害賠償。」民法第 188 條之立法理由：「……僱用人對於受僱人之選任及監督，已盡相當之注意，或縱加以相當之注意，其損害仍不免發生者，得免賠償之責任固矣，然若應負責賠償之受僱人，絕對無賠償之資力時，則是被害人之損失，將完全無所取償，殊非事理之平，此時應斟酌僱用人與被害人之經濟狀況，以定僱用人之賠償數額，以保護被害人。故設第二項……」

❼　參民法第 188 條第 1 項：「受僱人因執行職務，不法侵害他人之權利者，由僱用人與行為人連帶負損害賠償責任。但選任受僱人及監督其職務之執行，已盡相當之注意或縱加以相當之注意而仍不免發生損害者，僱用人不負賠償責任。」

❼　參民法第 272 條第 1 項：「數人負同一債務，明示對於債權人各負全部給付之責任者，為連帶債務。」

❼　參民法第 273 條第 1 項：「連帶債務之債權人，得對於債務人中之一人或數人或其全體，同時或先後請求全部或一部之給付。」

❼　參民法第 188 條第 3 項：「僱用人賠償損害時，對於為侵權行為之受僱人，有求償權。」

失，否則原則上是不用負任何責任的**❷**。

舉先前的例子來做說明：水泥工幫忙整修外牆是基於他和建設公司的約定而替建設公司服勞務；所以如果他和建設公司彼此訂立的是僱用契約，那他在執行職務之過程中對路人（第三人）造成的侵害，建設公司可能得連帶賠償。反之，如果建設公司是外包給那位泥水工，雙方的契約關係理論上是承攬，雖然水泥工仍然是幫建設公司整修外牆，但是，原則上建設公司是不用負擔任何責任的。

五、企業本身經營成本與風險

在承攬契約中，勞務義務人享有相當的自主權限，並且同時間可以承接許多案件。因此，承攬人通常是自己當老闆，自己擔負所有盈虧，承擔所有企業經營的成本。換句話說，有接到案子就有錢賺，沒有案源就得喝西北風，同時還必須支付一切企業經營的開銷，例如人事費用、水電費用、電信費用以及維持費用等等。

反之，在僱傭契約中，由於勞務義務人實際上是受僱用人指揮，兩者間具備從屬關係。所以，通常情形為僱用人是企業主，旗下再僱請數名受僱人當職員，職員對於企業的盈虧，原則上沒有直接關係，所有的企業經營成本都完全由企業主一人負擔**❸**。換句話說，不管公司有沒有案子、有沒有銷貨、有沒有賺錢都和受僱人沒有直接關係，即便賠錢，受僱人仍然可以支領固定的薪水。

簡而言之，在承攬契約中，雙方僅存在委由承攬人完成工作的關係，所以承攬人多半本身就是一個獨立的企業主，自然必須獨立擔負所有企業經營的風險與費用。相對地就僱傭契約而言，僱用人本身是企業主，而受

---

❷ 參民法第 189 條第 1 項：「承攬人因執行承攬事項，不法侵害他人之權利者，定作人不負損害賠償責任。但定作人於定作或指示有過失者，不在此限。」且本條僅具有提示效果，因為定作人本質上即不須為承攬人之過失負責。

❸ 當然，企業有時會利用獎金和配股等分紅方式，力求促成員工和公司有休戚與共的感覺。但是不管怎麼說，員工都不需要直接擔負公司經營的費用。

僱人則否，受僱人在經濟活動中所扮演的角色不過是企業組成的一分子、一顆螺絲釘，當然不用直接擔負整個企業經營的風險與成本。這部分其實直接反映出兩契約中勞動者和出資者彼此從屬性問題。

上述僱傭和承攬兩種契約的幾種區分方法中，似乎可以歸納出一個基本的理論體系。蓋兩契約的核心重點不同，所以給勞務給付者的自主權限大小也就不同；又因為勞務給付者所享有的自主權限大小不同，所以勞務義務人執行勞務行為所衍生的賠償責任也就有不同的結果，權限大相對的責任就大。此外，勞務義務人執行勞務行為所衍生的賠償責任，就某種程度上而言，也反映出企業本身經營成本的層面。所以，我們不難發現，其實兩者的種種差異多半都是契約彼此強調的重點不同所造成的。

第二項　承攬與委任

所謂的委任，是指當事人約定，由一方委託他方處理事務，他方代為處理之契約❽。由於民法明文規定所有其他不屬相關有名契約的勞務契約，均類推適用委任的相關規定❽，雖然這部分學者多有不同看法，運作上也不可能完全恪守民法第 529 條這樣的規定❽；然而不管實際上解釋為何，我們都可以很明顯得知委任是相當常見且重要的典型勞務契約。也正因為如此，有很多勞務契約的性質往往無法適當界定為承攬或委任。

由於委任契約主旨是委請受任人處理事務，因此在處理事務上往往有賴勞務的實施，而事務的處理在某種程度上也表彰著勞務義務人在工作執行上所享有的相當自主性；因此，這兩者便和承攬契約的性質有相當的重疊。在討論區分兩者之方式時，我們先列出幾點共通點，之後再討論兩者之相異處。

---

❽　參民法第 528 條：「稱委任者，謂當事人約定，一方委託他方處理事務，他方允為處理之契約。」

❽　參民法第 529 條：「關於勞務給付之契約，不屬於法律所定其他契約之種類者，適用關於委任之規定。」

❽　參邱聰智，前揭《新訂債法各論（中）》，p. 3。

壹、兩者共通處

一、勞務義務人自主權限與雙方的經濟活動上地位支配性（從屬性問題）

此部分主要是延續先前討論僱傭與承攬差異的區分方式而特別列出來討論。不過在區分僱傭和承攬時，兩種契約在這部分都表現出相當的差異，但是在委任和承攬中則大致上兩者相同，少部分有差異。

㈠勞務義務人對於工作的執行都享有相當高的自主權限

由於委任契約本質在於委請受任人處理事務，借重受任人自身的判斷能力與其他相關知識或技能，因此原則上自然不適合再給予太多限制，以免受任人縛手縛腳，無法充分發揮自己所長，實現契約原始目的。

承攬契約中，其強調的是工作的順利完成，通常情形，承攬人享有高度的自主性。

㈡雙方的經濟活動原則上都不具備支配性（從屬性）

委任和承攬契約中，兩者通常都屬於經濟上對等的地位，因此通常也不會有任何支配的問題，受任人或定作人原則上都不具有指揮的權限。

㈢特殊情形

雖然委任契約是基於信賴受任人而衍生委託其處理事務的契約，但是，有些事情對委任人權益影響過鉅，因此完全放任受任人全權決定也不太妥適[87]。因此委任人在必要時，亦可適時對受任人為指示[88]。此外，在特殊

---

[87] 參民法第 534 條立法理由：「……受任人之受有概括委任者，雖得為委任人為一切法律行為，然亦須受限制。如上列各款事項，係使委任人專負義務，或於其權利有重大變更，關係利害至為鉅大……。」

[88] 參民法第 535 條：「受任人處理委任事務，應依委任人之指示……。」

情況事務之處理應該由委任人自行決定，不屬先前授權的範圍❽❾。

　　探究其由，主要是因為承攬僅強調工作完成，工作未如約定完成，頂多只是債務不履行的問題，糾紛僅存在於兩個契約當事人間；反之，委任契約中，處理事務往往涉及到第三人，因此單純給予委任人事後求償的權利仍不足以保障委任人，為避免糾紛產生，倒不如賦予委任人事前介入的權限來得實際。

二、勞務義務人都自行承擔所有企業本身經營成本與風險

　　承攬和委任關係中，承攬人和受任人都被賦予高度的自主權限，且原則上和定作人或委任人不具從屬關係，因此，在經濟上通常是自行負擔盈虧，並成為獨立經濟個體，承受所有經營成本與風險❾❿。

　　舉例來說，律師事務所承接訴訟案件的行為可能是承攬契約，也可能是委任契約。但不管哪一種，通常只約定必須支付多少錢給律師事務所，對於律師因為開庭而支付的交通費用、事務所的水電費、請接待小姐的人

---

❽❾　參民法第 534 條：「受任人受概括委任者，得為委任人為一切行為。但為左列行為，須有特別之授權：一　不動產之出賣或設定負擔。二　不動產之租賃其期限逾二年者。三　贈與。四　和解。五　起訴。六　提付仲裁。」

❾❿　惟實務上認為公司法將經理人與其所服務之公司間之勞務契約關係定性為委任關係。例如 83 年臺上字第 72 號判決：「按經理人與公司間為委任關係，此觀公司法第二十九條第二項『經理人之委任……』之規定即明。而勞動基準法所規定之勞動契約，係指當事人之一方，在從屬於他方之關係下，提供職務上之勞動力，而由他方給付報酬之契約，與委任契約之受僱人，以處理一定目的之事務，具有獨立之裁量權者有別。」公司法第 29 條第 1 項關於「公司得依章程規定置經理人，其委任、解任及報酬，依左列規定定之」的規定是否足為公司與其經理人間之關係為委任的認定依據，其實尚有諸多探討餘地。蓋不但該項中之委任為動詞，而且與解任並用，而委任在此可能僅具任用之意思。何況究諸實際，一方面經理人不但不負企業風險，而且在組織上屬公司內部人員，其業務執行不可能不接受公司之指揮調度。此與受任人應自負風險，在組織上不屬於公司內部者不同。至於經理人是否需適用另一套關於管理職務之勞工法的規定則為另一問題。參黃茂榮，前揭《債法各論》，p. 404。

事費以及辦公室的租金等等，原則上都必須由事務所自行吸收。

貳、兩者相異處

至於兩者的相異處，主要可分為三點：

一、勞務義務人的可替代性

由於委任是委請他人處理事務，強調的是事務妥善處理的過程，因此對於勞務給付義務人的能力與人格相當地看重，否則不會委託受任人處理，委託事務也不能順利完成。換句話說，委任契約是比較強調屬人性的契約，受任人接受委任後，即不得任意再將委任事務轉交給第三人處理（複委任之禁止）❾❶。同理，受任人之所以承接委任事務是基於對委任人本身的緣故，因此委任人除非經受任人同意，否則亦不得轉讓請求處理事務之權❾❷。

承攬是請求第三人完成工作，強調的是最終工作的完成，通常對於工作到底是由誰來完成並不特別重視，所以承攬原則上是可以轉包的，這部分可以參考前面。

另外，在委任契約中，如果受任人或委任人任一方死亡時，委任契約當然終止❾❸。反之，在承攬契約中，承攬人或定作人死亡，因係著重在一定工作之完成，原則上都不致影響原契約的效力，其繼承人得以繼承原有之契約地位並繼續執行該契約。

二、可否為無償（報酬）契約

承攬契約必定是有償契約❾❹，當事人間必然約定有報酬的存在，只係

---

❾❶　參民法第 537 條：「受任人應自己處理委任事務。但經委任人之同意或另有習慣或有不得已之事由者，得使第三人代為處理。」

❾❷　參民法第 543 條：「委任人非經受任人之同意，不得將處理委任事務之請求權，讓與第三人。」

❾❸　參民法第 550 條：「委任關係，因當事人一方死亡、破產或喪失行為能力而消滅。但契約另有訂定，或因委任事務之性質不能消滅者，不在此限。」

❾❹　參民法第 490 條第 1 項：「……他方俟工作完成，給付報酬之契約。」

原則上需工作完成始得請求。反之，委任就沒有限定必須要有報酬❾❺，無償委任亦無不可，且不需均待事務處理完畢始得請求，得就其已處理之部分請求報酬。未受有報酬的承攬契約，則極可能是劃歸為無償委任，不然就是另一種無名契約。

此外，在受有報酬的委任契約中，如果因為非可歸責受任人的原因終止委任關係，受任人得就已處理的部分請求報酬❾❻。反之，如果是承攬契約，若以承攬人個人技能為契約要素而非因承攬人原因終止時，工作已完成的部分將僅限對定作人有用者，方有給付報酬的義務❾❼。

三、有無短期消滅時效之適用

承攬人之報酬及其墊款等請求權，因二年間不行使而消滅（民法第 127 條第 7 款），而委任關係所請求之報酬，並無上開二年短期時效規定之適用。

由上述可知，其實承攬和委任存有相當大的共通性，也因此相對增加了區分兩者的難度性。不過大部分的差異性都可以由契約核心部分衍生，因此本著這點應該就不難了解了。

第三項　典型勞務契約區分結論

雖然前面那麼多篇幅談到如何辨別承攬契約，但是對於三種基本勞務性契約碰在一起時，便須同時衡量三者。對於這部分我們可以由兩種角度來觀察，一個是微觀的，一個是宏觀的。微觀的是以訂約者的本身為出發，這部分又可分為選擇契約類型所應注意的事項以及三者區分之實際利益；宏觀的則是指由經濟活動，主要是指企業勞動組成來看待三種契約型態所

---

❾❺　參民法第 535 條：「受任人處理委任事務，應依委任人之指示，並與處理自己事務為同一之注意，其受有報酬者，應以善良管理人之注意為之。」由此可知委任是存在有無償委任的型態。

❾❻　參民法第 548 條第 2 項：「委任關係，因非可歸責於受任人之事由，於事務處理未完畢前已終止者，受任人得就其已處理之部分，請求報酬。」

❾❼　參民法第 512 條第 2 項：「工作已完成之部分，於定作人為有用者，定作人有受領及給付相當報酬之義務。」

扮演的角色。

一、選擇契約類型所應注意的事項

(一)契約的核心重點

當事人間存在著什麼樣的交易需求便對應著什麼樣的契約行為與契約類型。因此，不難發現，區分三者的共通不變方式之一便是以契約所強調的重點為準。

簡言之，僱傭契約的目的在於單純提供勞務，無一定之目的，承攬契約的核心則是一定工作的完成，委任契約則以處理事務為本旨，不以處理事務完成一定效果為必要。

(二)從屬性與專屬性

關於契約的執行是否希望居於主導，及關於契約的對方是否希望由勞務義務人親自執行等都是思考的重點方向。

就從屬性而言，勞務義務人自主性，以僱傭最為無自主性，而由於委任契約本質在於委請受任人處理事務，借重受任人自身的判斷能力與其他相關知識或技能，因此原則上自然不適合再給予太多限制，以免受任人縛手縛腳，無法充分發揮自己所長，實現契約目的，在承攬契約中，其強調的是工作的順利完成，通常情形，承攬人亦享有自主性。所以承攬與委任均享有高度之自主性。

就專屬性而言，勞務義務人在委任與僱傭關係中具有專屬性，而不可替代，亦即委任關係中，受任人非經委任人同意，不得使第三人處理事務，委任人非經受任人同意，不得將處理事務請求權讓與第三人。在僱傭關係中，受僱人非經僱用人同意，不得使第三人代服勞務，僱用人非經受僱人同意，不得將勞務給付請求權讓與第三人。在承攬關係中，即無專屬性，承攬人得將工作全部或一部使第三人完成，定作人亦得將定作人權利讓與第三人。

㈢報酬之給與

在委任關係中，有無報酬均無不可，由當事人合意決定之。在僱傭關係中，給付報酬與提供勞務有對價關係，給付報酬為僱傭契約之成立要件。在承攬關係中，完成工作與給付報酬有對價關係，承攬契約以給付報酬為必要。

二、三種契約的區分實益

㈠勞工保護規範的適用

一般而言，勞工階級通常屬於相對弱勢階級；因此，國家藉由公權力的介入，破壞原本法律所遵循的私法自治原則，促使雙方能達到實質的平等，實現照顧勞工的政策目的，形成所謂的僱傭契約社會化[98]。而所謂的僱傭契約社會化，包含了民法僱傭契約的社會化以及勞工法勞工契約的社會化，前者主要是指依照民法僱傭契約中對僱用人所做的限制，這部分相對於後者，社會化的程度比較輕微。反之，後者係指專就勞工制度所衍生的勞動法範疇，例如勞動基準法、勞工保險法以及勞工安全衛生法。惟，不論何者，對於受僱人都有比較完善的保障，而相對地僱主便受到比較多的限制。

另一方面，如果是承攬或委任等類型的契約，比較沒有這方面的限制，勞務給付義務人和出資人基本上是處於對等的地位。

就承攬契約而言，可能涉及勞工社會化的部分，原則上僅止於勞動基準法第 59 條、第 62 條、第 63 條，勞工安全衛生法第 16 條、第 17 條、第 19 條，以及勞工安全衛生法施行細則第 31 條等；其性質都是由僱傭契約的法理所延伸而成，照顧對象也僅止於最終執行勞務的勞動者，而非承攬的公司或包商。此外，定作人原則上也沒有負擔承攬人勞健保僱主費用的義務。

---

[98]　參邱聰智，前揭《新訂債法各論（中）》，p. 9。

㈡對於物的法律保護

三契約中，雖然都稱之為勞務契約，但是只有承攬涉及到工作物的交付[99]。因此，在承攬契約中，尤其是有形結果的承攬，契約主旨是交付承攬工作後所完成的「東西」，對於該物性質功能是否妥善，特別受到注重。也正因為如此，它有許多關於物之瑕疵規定，如同買賣一樣適用瑕疵擔保制度。

簡言之，如果特別強調工作的結果，而不是其中所經過的勞務過程，承攬法規對於「物」的保護顯然超乎其他兩者。

三、三種契約在企業經營所扮演的角色

再微小的公司企業都是由「人」所組成，再高明的經營策略也都有賴「人」去執行，因此各種類事務、各階層組織都需要員工去運作、去填補；然而，基於某些理由以至於經營者完全仰賴僱傭勞工將顯有困難，這時候委任和承攬便成為企業勞力提供的重要角色，有時其重要性甚至不僅止於輔助的地位。

這些原因可能有單位人員不足、成本績效考量、本身專業能力的不足、或甚至職務本身特性與習慣等。

就人員不足方面，主要是指企業非核心工作，或臨時性需求等基礎性

---

[99]　承攬人完成之工作，有需交付者，亦有不需交付者，關於前者，承攬人尚有交付義務。一般言之，工作為有形之結果者，原則上承攬人於完成工作後，需將完成物（工作物或製作物）交付與定作人，如承攬之工作為西裝之製作，則應將該做成之西裝交付與定作人，始屬依債之本旨履行債務，工作為無形之結果者，原則上不需交付，承攬人一經依債之本旨完成工作，債務即屬履行。參劉春堂，前揭《民法債編各論（中）》，p. 33。另參 50 年臺上字第 2705 號判例：「承攬人完成之工作，依工作之性質，有須交付者，有不須交付者，大凡工作之為有形的結果者，原則上承攬人於完成工作後，更須將完成物交付於定作人，且承攬人此項交付完成物之義務，與定作人給付報酬之義務，並非當然同時履行，承攬人非得於定作人未為給付報酬前，遽行拒絕交付完成物。」

勞力工作。至於成本績效考量的部分，前面已經談過，實務上目前還是廣泛認定勞動契約的範圍。而所謂的本身專業能力不足，則須仰賴外力支援，而這些外力若採僱傭的方式往往不符合經濟效益，因此自然就必須依靠承攬或委任；這情形大多屬於整體規劃、機器安裝或維修等技術性工作。最後職務本身特性與習慣方面，主要是指該項職位本身的特性或習慣必須由委任方式為之較恰當，其多半是必須賦予高度操控權與高度信賴性的高階層管理或決策工作，例如企業專業經理人之性質在以往便認定係屬於委任，而非僱傭。

　　這三類契約不僅在日常勞動交易中十分常見，在勞動市場中也扮演著十分重要的角色。因此，熟悉這三者的差異，進而建立區分三者的能力，善用三者的長短，相信必定會有相當大的助益。

區非標準 ＼ 種類	僱 傭	承 攬	委 任
契約核心	單純提供勞務	完成一定工作	處理事務
債務人之自主性	債務人受指揮監督，自主性低	債務人不受指揮監督，自主性高	債務人不受指揮監督，自主性高
報酬給予	給付報酬為提供勞務的對價關係	給付報酬為完成工作的對價關係	可能為無償任，亦可能為有償委任
勞工保護	債務人受勞工法的保護	債務人與債權人立於對等地位，無保護必要	債務人與債權人立於對等地位，無保護必要
物的保護	不涉及物的問題	承攬之工作若為有形物有瑕疵擔保的問題	不涉及物的問題
企業經營中所扮演的角色	低階員工	非公司員工	高階員工

第三節　承攬與懸賞廣告

所謂懸賞廣告，是指懸賞人利用書報或電視等各種方式，刊載廣告給眾人所知，並約定任何不特定的人如果完成一定行為，便給予一定報酬的行為❿。就廣義來看，懸賞廣告的實現也是有賴他人執行勞務以完成一定的行為，且其契約的要素也是強調必須完成一定的結果。因此，懸賞廣告於某種程度上的確和承攬有「重疊」的地方。不過，相較於承攬和其他典型勞務契約而言，由於民法對於兩者有比較明確的界定，而其法律本質精神也是希望將兩者分離，因此在法律規定上，彼此仍有不少差異性存在。

對於這兩者的差異部分，主要是基於法律的規定而生。一般而言，承攬契約和懸賞廣告的法律差異可區分為民法規定體例、法律性質定位、法律條文用語以及法律生效規範四部分❿，分敘如下：

一、民法規定體例

懸賞廣告，民法主要規定於第 164 條與第 165 條，也就是第二編債第一章通則第一節債之發生，在體例上是屬於債編通則的範疇。至於承攬契約，則是規範於第 490 條至第 514 條，也就是第二編債第二章各種之債第八節承攬，體例上屬於有名契約，是債各的範疇，並適用相關債編總則的規定。

由於兩者在體例上編制不同，導致法律學者對於其法律性質產生不同的看法，這部分也是我們稍後要談的。

二、法律性質定位

由於承攬契約明白編制在債各中的一節，所以法律性質被認定為契約

---

❿　參民法第 164 條第 1 項：「以廣告聲明對完成一定行為之人給與報酬者，為懸賞廣告。廣告人對於完成該行為之人，負給付報酬之義務。」

❿　參邱聰智，前揭《新訂債法各論（中）》, p. 51。

當屬無疑。然而懸賞廣告則否，學者對於其法律性質的定位爭議已久❶❷。又懸賞廣告同時具備懸賞人給付報酬義務以及行為人請求權利，所以有學者認為其性質應該定位為契約，目前立法傾向此說❶❸。不過，民法在體例上卻未將其編入債編各論中，而實際上部分學者認為懸賞廣告性質屬於單獨行為之論述也具備相當說服力❶❹。

---

❶❷　懸賞廣告之法律上性質如何，學說立場尚非一致。採單獨行為說者以為，懸賞廣告係指廣告人，以廣告聲明，對於完成一定行為之人，給付報酬之意思表示；其因而成立之債之類型，即為懸賞行為。採契約說者則以為，懸賞廣告者，乃廣告人以廣告聲明，對於完成一定行為之人，給與報酬之一種要約。此種要約因不特定相對人完成一定行為而成立懸賞契約，並因其無待承諾，完成行為亦有如可認為承諾之事實，得認為係意思實現之特殊類型。參邱聰智，《新訂民法債編通則（上）》，自版，92 年新訂一版修正二刷，p. 55。

❶❸　參民法第 164 條 88 年之修法立法理由：「懸賞廣告之性質，有單獨行為與契約之不同立法例。為免理論爭議影響法律之適用，並使本法之體例與規定之內容一致，爰將第一項末段『對於不知有廣告……亦同』移列為第四項。並將『亦同』修正為『準用之』，以明示本法採取契約說。……」

❶❹　其所採理由有下列諸項：第一，就法律文義而言，本條規定的文義與買賣、租賃等契約之規定不同（第 345 條、第 421 條），比較對照之，可知立法者非以懸賞廣告為契約行為，蓋不知有廣告而完成該行為，在理論上不能認為係承諾，難以成立契約。第二，就體系關連言，民法於契約一款中規定懸賞廣告，非可據以認定其為契約。法典編制體例上之地位，固可作為法律解釋之一種方法，但非屬唯一標準。民法將代理權之授與列在債之發生一節之內，通說並不因此而認為其為債之發生原因。查民律草案原將懸賞廣告獨立列為一章，規定於「各種之債」（第 879 條至第 885 條）。現行民法將之移至債編通則契約一款之內，其理由不得而知，就體例言，實未妥適，蓋契約一款所規定的，乃各種契約之成立，無論採取何說，懸賞廣告均不宜在該款內設其規定。第三，就立法理由言，民法原第 164 條係採自民律第一草案第 879 條，其內容完全相同，立法理由書略謂：「謹按廣告者，廣告人對於完結其所指定行為之人，負與以報酬之義務。然其性質，學說不一。有以廣告為聲請訂約，而以完結其指定行為默示承諾者，亦有以廣告為廣告人之單務約束者。本案採用後說，認廣告為廣告人之單務約束，故規定廣告人於行為人不知廣告時，亦負報酬之義務。」可供參證。第四，就比較法言，民法原第 164 條係德國民法第 657 條規定之轉譯，在

三、法律條文用語

民法第 164 條規定懸賞廣告為行為人完成一定行為，而第 490 條則規定承攬契約係承攬人完成一定之工作；前者強調的是行為，後者強調的是工作，不過我們會認為，由於兩者都是強調完成一定的結果 [105]，始得請求報酬，故相類似，所以在實際運用上差異不大。

德民懸賞廣告之法律性質為單獨行為係判例與學說之一致見解。在瑞士債務法，懸賞廣告亦列為契約一款內（第 8 條），但通說仍解為係屬單獨行為，尤其啟發性。第五，就立法目的而言，基於法律行為而發生債之關係，原則上應依契約為之（契約原則），對懸賞廣告採單獨行為說，其理由有二：1.使不知有廣告而完成一定行為之人，得請求報酬。2.使無行為能力人得因完成一定行為而請求報酬。此二點為德國民法明定懸賞廣告為單獨行為的理由，亦為瑞士通說突破法律編制體例，將懸賞廣告解釋為單獨行為之依據。第六，何以依我國立法例，懸賞廣告應屬契約行為？何以採單獨行為說係屬「誤解」？立法理由未提出實質的論點。第七，在法學方法或法律技術上最具趣味的是，立法者認為原第 164 條第 1 項後段「亦同」的規定，為誤解單獨行為說之根源，而於新修正條文第 4 項明定為「準用」，意圖藉此表示懸賞廣告為契約行為。茲分二點加以說明：1.原民法第 164 條後段「亦同」的規定，可解為係採單獨行為說之法律依據亦可認為係採單獨行為說之結果。瑞士債務法第 8 條第 1 項規定：「以懸賞或懸賞優等當選廣告約定，對於一定之行為，給與一定之報酬者，應依其廣告給與報酬。」並未設相當於我國民法第 164 條第 1 項後段「亦同」的規定，彼邦通說仍將懸賞廣告解為係屬單獨行為。2.「準用」與「亦同」均屬立法技術之運用，旨在避免重複，二者之不同，在於準用係立法者基於平等原則對於類似者，作相同之處理。亦同則用於案例類型差別太大難以準用，或其法律意義相近、得等同待之的案例。立法者欲藉此項用語之變更，肯定懸賞廣告非屬單獨行為，而係契約行為，可謂用心良苦。實則，為使懸賞廣告「契約行為化」，不是將「亦同」改為「準用之」，而係應明確地將民法第 164 條修正為：「稱懸賞廣告者，指以廣告聲明對完成一定行為之人給與報酬，而經他人完成一定行為而為承諾之契約。不知有廣告而完成廣告所定行為之人，亦有報酬請求權。」參王澤鑑，《債法原理第一冊》，王慕華發行，2000 年 9 月三刷，pp. 285～291。

[105] 參鄭玉波，前揭《民法債編各論（上）》，p. 353。

四、法律生效規範

　　也就是法律行為性質問題。法律行為必須具備一定要件才能生效，也就是一般生效要件與一般成立要件。然而，立法上有時會針對某些法律行為做比較嚴格的限制，規定如果希望這些行為可以完全發生所期望的法律效力，就必須得依照法律所規定的格式進行，也就是特別生效要件與特別成立要件❿。探究其理由，多半是為求慎重，降低日後發生爭執的可能。契約也是相同道理，因此某些契約會要求必須符合某些特別成立要件才能成立，一般是指要物與要式兩種。

　　要物契約，是相對於諾成契約而生。諾成契約，是指契約一經雙方意思合致契約便立即成立生效⓫。而所謂的要物契約，則是指契約的成立必須有賴特定物的交付，契約才會成立，現行民法上使用借貸、消費借貸及寄託三種為要物契約，蓋此三種契約均是無償契約，為使當事人有可以考慮斟酌的機會，特以「物的交付」作為成立要件⓬。

　　所謂要式契約，是指契約必須依照一定的方式訂立才能成立，當然這些原則上都必須經由法律規定，例如第 760 條規定關於不動產物權契約必須以書面為之⓭。

　　承攬契約由於不具備加設特別要件的考量，所以其性質是屬於諾成且不要式性契約。反之，若認為懸賞廣告之法律性質屬契約行為者，則懸賞廣告應屬於要物且要式性契約。

　　坦白說，懸賞廣告和買賣、僱傭以及委任相較之下較不常見，但是它的外觀表現仍然和承攬契約有相當的類似狀況，不過法律效果卻截然不同，值得我們注意。

---

❿　參施啟揚，《民法總則》，自版，94 年六版，pp. 198～199。

⓫　參民法第 153 條第 1 項：「當事人互相表示意思一致者，無論其為明示或默示，契約即為成立。」

⓬　參王澤鑑，前揭《債法原理第一冊》，p. 138。

⓭　參民法第 760 條：「不動產物權之移轉或設定，應以書面為之。」

案例一

試問下列情形中，何者的契約類型比較可能屬於承攬契約？並請分別判斷係屬於何種承攬契約的類型？

(1)阿強獲得一塊未雕琢和闐玉石，委託師傅阿財負責加工琢磨，酬勞兩萬元，阿強也已經事先預付。

(2)中秋節快到了，王媽媽自創養生月餅，將食譜交由信任的糕餅店四季齋製作糕餅，並由四季齋提供食材，雙方約定連工帶料六千元。

(3)小葉和小貞約定每週三上午替小葉打掃研究室，打掃方式由小葉決定，薪資則為每月支付五千元。

(4)愛狗狗協會為了推廣愛狗風氣，登報獎勵愛狗徵文。

(5)昇華營建公司承包高雄市政府市政路造路工程，並將市政路排水溝工程轉交由華燁公司施工。

解析

⑴性質是一般承攬契約。

案例中雙方約定為有償，酬勞兩萬元是否為預付，均不影響其為報酬的本質。此外，加工的材料是由阿強提供，所以屬於一般單純承攬無疑。

⑵性質是買賣承攬契約。

案例中雙方約定為有償,報酬六千元。不過對於製作月餅所需的材料卻是由四季齋提供,所以性質屬於買賣承攬契約。

值得注意的是,如果王媽媽不僅提供食譜,更直接指揮四季齋的糕餅師父烘焙,那麼它的性質可能是複合契約,而勞務供給的部分則比較近似僱傭。

⑶性質是僱傭契約。

本案為當事人一方給付報酬,他方服勞務,故本題乃第 482 條之僱傭契約。

此外,因小貞的工作內容是打掃,對於如何執行打掃內容,必須依照小葉指示而沒有任何自主權,所以性質屬於僱傭契約。

⑷性質是懸賞廣告。

愛狗狗協會是針對社會大眾刊登徵文廣告,並不具備特定對象,所以性質應屬於懸賞廣告。

⑸性質是次承攬契約。

昇華營建公司承包市府工程,所以性質是承攬契約。華燁公司僅負責排水溝工程,屬於昇華營建公司原承攬契約中的一部分,所以性質屬於次承攬契約。

案例二

知名歌手蔡一零為響應公益,特別於拍賣網站上標售,表示願意與十位出資五萬元的歌迷一同享用天后親手烹調的晚餐,並言明事後再由天后捐出全數所得。試問,該契約類型為何⑩?

---

⑩ 本題改編自 94 年真實案例。一位知名女歌手為做公益,特地於網站上公開招標與偶像共進晚餐的十個名額,並於 94 年 5 月 28 日結標。

解析 --

　　首先該契約成立之目的，並非以移轉財產權為目的，故自與買賣無關；而該契約並非要歌迷完成一定行為後給與報酬者，故亦與懸賞廣告無關。

　　其次共有十位歌迷共進晚餐的問題，我們應該認為這十個人彼此並不相干，不至於構成契約的共同簽約人，因此這情形應界定為十位歌迷個別和蔡天后簽定十個契約。

　　該契約為有償契約，由於五萬元是先交付後再由天后捐出，因此對於所約定的價額不論事後捐出與否，均不影響有償的本質；該金額捐獻給公益機構的行為，應僅是當事人事後處分自有財產的行為❶。

　　最後則是契約核心的問題。在這案例中，我們應該認為歌迷簽訂契約的原始動機在於享受天后的廚藝，沉醉在與天后面對面用餐的時光。因此第一點，歌迷不太可能具有指揮天后做菜的權利，履約中雙方也不可能具備從屬關係。第二，對於享受天后廚藝的部分，契約強調的是天后必須親自料理晚餐，親自則成為雙方契約中的特約。第三，面對面用餐的部分指的是天后具有親自到場與歌迷共享晚宴的義務，相當於必須完成一定工作。綜合上述可知，契約性質應該屬於承攬契約。

---

　　❶　不過這部分如果雙方均視為契約條款的一部，仍不致影響有償契約的本質；僅是天后方面的給付義務尚包含捐出所得。當然，亦可能將其視為條件之一種。

Hire
of Work

第貳編

承攬人之義務

不容置疑地，承攬契約的原始目的在於定作人期待承攬人能替他完成約定的工作。所以，承攬人最基本的義務便在於完成一定之工作。然而，單純期待工作的完成並不足以確保定作人契約目的能夠有效的被實現；因此，便衍生出針對確保工作結果（通常是以有形的工作物為常見）無瑕疵的瑕疵擔保責任，以及針對承攬人未履行契約所衍生之債務不履行責任。

就前者而言，舉凡涉及物之權利移轉的契約，例如買賣、贈與，原則上都有瑕疵擔保責任，差別僅在於責任範圍的大小與輕重罷了。至於後者部分，則只要是法律上的契約（也可以說是形成債權債務關係），都有債務不履行責任。

簡言之，承攬人的義務有依約完成工作、工作物的瑕疵擔保責任與債務不履行之責任三大部分。

第一章
依約完成工作的義務

依約完成工作是承攬人最主要的給付義務，其他義務都是由此衍生。而工作的完成不僅僅是利用勞務的執行來實現，同時還涉及到工作完成後工作物所有權的歸屬問題，否則承攬契約最重要目的將無法有效地達成。據此，討論如下：

一、工作的完成

一般認為一定工作的完成為承攬人的主要給付義務，也是定作人與承攬人簽訂承攬契約的目的[1]，所以承攬契約成立後，除契約另外訂有工作

---

[1] 參 81 年臺上字第 2686 號判決：「按承攬與僱傭同屬於供給勞務之契約，惟前者仍以發生結果（工作之完成）為目的之契約，供給勞務不過為其手段而已；後者則以供給勞務本身為目的之契約，亦即除供給勞務外，並無其他目的。此為二者區別之所在。民法第一百八十八條第一項所謂受僱人，並非僅限於僱傭

著手之時間外，承攬人即應自備工具與材料❷，盡快的著手於工作的完成。至於完成工作之方法，如果當事人雙方在契約中有約定，承攬人應依雙方約定之方法完成工作，否則可能構成不完全給付，蓋雙方當事人既然已在契約中約定承攬人完成工作之方法，承攬人就需要遵照定作人指示的方法為之，此由民法第 496 條及第 509 條之規定可以推知。

無論如何，只有投入勞務而沒有工作成果，是沒有辦法達成承攬契約之目的，但承攬人要做到怎麼樣的程度才可以認為「完成」工作呢？這又是一個不容易界定的概念，通常需要看承攬契約雙方當事人就工作之完成至何程度有無約定，若無約定時，則應就工作的內容定之，實務上曾有判決認為，工程是否完工是以該工程之重要部分是否完成定之❸，且定作人若已受領工作物，則可以推定工作已完成❹；不過以重要部分是否完成來做判斷過於空泛，因為到底什麼是重要部分又是一難題，所以本書以為，在契約雙方當事人對工作所需完成之程度未約定時，應依民法第 492 條之規定，若該工作物已具備通常品質，並且適於通常之使用，即可認為已完成❺。

契約所稱之受僱人，凡客觀上被他人使用為之服勞務而受其監督者，均係受僱人（本院 57 年臺上字第 1663 號判例參照）。此所謂監督，係指對勞務之實施方式、時間及地點加以指示或安排之一般的監督而言。」

❷ 參鄭玉波，前揭《民法債編各論（上）》，p. 354。

❸ 參 88 年臺上字第 3042 號判決：「『稱承攬者，謂當事人約定，一方為他方完成一定之工作，他方俟工作完成，給付報酬之契約。』民法第四百九十條定有明文。故除另有約定外，承攬人應俟完成全部之工作，定作人始有給付報酬之義務。本件原審既認係承攬契約，復謂工程是否完工，係以工程重要部分均已完成而言，至於活動物件，缺者可補，不在認定是否完工之列云云，自非之論。」所謂活動物件例如抽風機。

❹ 參 88 年臺上字第 216 號判決：「上訴人又辯稱係爭工程尾款之給付，以驗收完成為條件，完成驗收之前，上訴人無給付義務云云。惟上訴人已將承攬之房屋交付訴外人祥利公司，祥利公司又將房屋點交各戶之買受人，兩造間無再辦理驗收手續之必要。上訴人以未完成驗收手續為由，拒絕給付尾款，自屬有違誠信原則，被上訴人請求給付尾款，即為有據。」

　　承攬契約是屬於勞務契約，所以基於勞務屬人性❻的理由，工作的完成，似乎應由承攬人親自施以勞務，而完成約定的工作成果，蓋就承攬契約而言，定作人是基於對承攬人人格與技術的信任，相信承攬人會完成其所期待工作，才會與其訂約。不過，通說及實務❼均認為，勞務供給的專屬型在承攬契約中有緩和的趨勢，所以除非當事人雙方間訂有特約，或者該工作的內容是以承攬人個人的技能為工作的要素，承攬人必須親自完成工作外，例如畫家替人作畫、歌手唱歌等，承攬人並非絕對須親自完成承攬之工作，社會交易實務上使用第三人來完成承攬工作係屬普遍，此時承攬人可能藉由訂立次承攬契約方式，或者由自己為工作之指揮監督，而以他人為輔助人，均無不可，但如果該第三人對於承攬契約之履行有故意或過失以至於造成損害時，承攬人依民法第 224 條的規定，應與自己的故意或過失，對定作人負同一責任。

二、工作的交付

　　工作完成後，有須要交付者，亦有不須要交付者。若是屬於前者，在工作完成後，承攬人尚負有交付之義務，工作若是有形的結果者，通常就負有交付之義務，例如替他人修理手錶，應將修理好的手錶交還給定作人；若是屬於後者，只要依債務本旨完成工作，則其義務已盡，例如歌手唱歌，只要歌手唱完歌後，即屬於履行其義務❽。

----

❺　參楊芳賢，前揭《民法債法各論（上）》，p. 594。

❻　參本書第貳編第貳章與第貳編第四章第二節。一般來說，民法關於勞務性給付契約相對財產性給付契約而言，通常都具有比較高度的屬人性色彩。

❼　參 65 年臺上字第 1974 號判例：「承攬除當事人間有特約外，非必須承攬人自服其勞務，其使用他人，完成工作，亦無不可。」

❽　參鄭玉波，前揭《民法債編各論（上）》，pp. 354～355；50 年臺上字第 2705 號判例：「承攬人完成之工作，依工作之性質，有須交付者，有不須交付者，大凡工作之為有形的結果者，原則上承攬人於完成工作後，更須將完成物交付於定作人，且承攬人此項交付完成物之義務，與定作人給付報酬之義務，並非當然同時履行，承攬人非得於定作人未為給付報酬前，遽行拒絕交付完成物。」

三、工作物所有權之歸屬

當承攬人以材料製成工作物時，其所有權的歸屬，亦是相當值得研究的。蓋當工作物之所有權如當然歸屬於定作人原始取得時，承攬人只須交付（移轉占有）給定作人即可，無移轉所有權之問題。但是若不當然先歸定作人時（如可能先歸屬於承攬人，亦可能先歸屬於第三人），則定作人除負有交付義務外，尚負有移轉所有權於定作人之義務。關於所有權之移轉，若工作物是動產，則於交付的同時，所有權亦隨之移轉；反之，若是不動產時，尚須為移轉之登記才可以。但工作物的所有權到底應該由誰原始取得呢？首先應視承攬契約當事人有無約定，若無約定時，則應視材料由誰供給，以及工作物是動產或不動產而有所不同❾。分述如下：

(一)工作物為動產

1.由定作人供給材料（包工不包料）

(1)一般情形

由定作人供給材料，並且該材料的所有權並未移轉給承攬人，因此，該材料雖交給承攬人占有，但該材料的所有權並不隨同移轉，此乃常態。所以，在這種情形下，基於承攬契約的性質，當然由定作人原始取得該工作物的所有權❿。例如，供給布料，製成西裝，或供給小麥，製成麵粉。

應注意的是此種情形，關於該工作物所有權的歸屬，是否可以適用民法第814條加工的規定？有認為，若因加工所增加之價值顯超過材料的價值時，該加工物的所有權由加工人原始取得⓫。不過，我國通說對此採否

❾　參鄭玉波，前揭《民法債編各論（上）》，p. 355；史尚寬，前揭《債法各論》，pp. 309～316。

❿　參54年臺上字第321號判例：「因承攬契約而完成之動產，如該動產係由定作人供給材料，而承攬人僅負有工作之義務時，則除有特約外，承攬人為履行承攬之工作，無論其為既成品之加工或為新品之製作，其所有權均歸屬於供給材料之定作人。」

⓫　參楊芳賢，前揭《民法債法各論（上）》，於第583頁所引用之資料。

定之見解，蓋承攬契約的性質，本來承攬人就負有為他人完成一定工作之義務，而定作人供給材料給予加工改造，只是為了促使承攬人為加工改造，定作人的目的仍在於直接取得該工作物的所有權，所以基於承攬契約的性質，應由定作人原始取得所有權為是，而無加工規定的適用❶❷。

(2)特殊情形

材料雖然由定作人提供，但約明承攬人得以自己同種類、同品質、同數量的材料加以代替，此即前述的不規則承攬。此種情形由於須有特別的約定，並非當然，所以是特殊情形。這種情形，我國學者有認為應區分該材料的所有權是否有移轉給承攬人，而定工作物的所有權是否可由定作人原始取得，故應分為二：

a. 只約明得代替，但不將該材料所有權移轉給承攬人，此種情形與上述(1)相同，故該工作物的所有權當然由定作人原始取得。

b. 約定得代替，並將該材料的所有權移轉給承攬人，此種情形，該工作物應先由承攬人原始取得所有權，嗣後再由承攬人移轉給定作人繼受取得該工作物的所有權❶❸。

不過本書認為上述見解並不可採，蓋承攬的目的，本在於完成工作，材料的供給僅是其部分過程，且定作人的意思，是在使承攬人為其完成一定的工作；而承攬的意思，亦是在為了定作人完成一定的工作，所以不規則承攬契約的性質仍屬一般的承攬，故不應區分材料是否以移轉於承攬人，而異其工作物所有權的歸屬，應解為均由定作人原始取得工作物的所有權，如此才符合當事人的真意❶❹。

2. 由承攬人供給材料（包工包料）

---

❶❷ 故民法第 814 條應限於無契約關係存在時才有適用，參鄭玉波，前揭《民法債編各論（上）》，p. 356；史尚寬，前揭《債法各論》，pp. 309～310；邱聰智，前揭《新訂債法各論（中）》，p. 57；林誠二，前揭《民法債編各論（中）》，p. 80。

❶❸ 參鄭玉波，前揭《民法債編各論（上）》，p. 356；史尚寬，前揭《債法各論》，p. 310。

❶❹ 參邱聰智，前揭《新訂債法各論（中）》，p. 57；劉春堂，前揭《民法債編各論（中）》，pp. 35～36。

(1)定作人提供工作基底者

所謂工作基底即指該工作所附之基礎，例如皮鞋鞋底的修繕，該皮鞋就是工作的基底。此時並不涉及該工作基底所有權取得的問題，而是承攬人所提供的材料（如新的鞋底）所有權歸屬誰的問題。此種情形，應依民法第818條附合的規定，來決定該材料所有權的歸屬，由於基底可視為主物，所以應由該主物的所有人（即定作人）取得該合成物的所有權❺。另外，本於承攬契約的本旨，由定作人原始取得該工作物的所有權，亦較符合當事人的真意❻。

(2)定作人未提供工作基底者

定作人並未提供工作基底，僅由承攬人以自己的材料來製成工作物，例如西裝店提供布料供顧客選擇，而為顧客量身製作西裝，此即前述的工作物供給契約。關於該工作物所有權的歸屬，有二種不同見解，第一說認為，應先由承攬人原始取得該工作物的所有權，然後再由承攬人依買賣的規定，移轉所有權給定作人❼；第二說認為，由定作人原始取得該工作物的所有權，才符合承攬契約的本旨，並且依民法第490條第2項的規定，承攬所約定的報酬，通常有包含該材料的價額，實質上可謂係由定作人提供材料，所以應解為定作人原始取得該工作物的所有權，如此才符合當事人的真意❽。本書以為第二說較可採。

3. 定作人與承攬人共同供給材料者

材料由定作人與承攬人共同供給時,則該工作物所有權歸誰原始取得,我國學者通說區分成三種情形❾:(1)材料的主要部分若是由定作人供給者,

---

❺ 參鄭玉波，前揭《民法債編各論（上）》，p. 358。

❻ 參邱聰智，前揭《新訂債法各論（中）》，p. 58；劉春堂，前揭《民法債編各論（中）》，pp. 36～37。

❼ 參鄭玉波，前揭《民法債編各論（上）》，p. 358；史尚寬，前揭《債法各論》，p. 310。

❽ 參邱聰智，前揭《新訂債法各論（中）》，p. 58；劉春堂，前揭《民法債編各論（中）》，pp. 37～38。

❾ 參鄭玉波，前揭《民法債編各論（上）》，p. 360；史尚寬，前揭《債法各論》，

則該工作物的所有權由定作人取得。(2)材料的主要部分若是由承攬人提供者，則該工作物的所有權先由承攬人原始取得，然後承攬人負有移轉所有權給定作人的義務。(3)若是不能區分誰提供的是主要部分時，則此時除當事人另有約定外，應依民法第814條規定決定之，通常是先由承攬人原始取得所有權，再移轉給定作人。

不過本書不認同此區分方法，如前所述，由定作人原始取得該工作物的所有權，才符合承攬契約的本旨，並且依民法第490條第2項的規定，承攬所約定的報酬，通常有包含該材料的價額，實質上可謂係由定作人提供材料，所以應解為定作人原始取得該工作物的所有權，如此才符合當事人的真意。

4.材料屬於第三人所有者

有學者認為因為定作人與第三人並無承攬關係存在，所以此時應依民法第814條加工的規定，以定工作物所有權的歸屬。其情形有三[20]：

(1)承攬人供給屬於第三人所有的材料施以加工，而加工的價值顯然超過材料的價額時，由承攬人取得工作物的所有權，不過對於定作人負有移轉工作物所有權的義務。如果是由定作人供給屬於第三人所有的材料時，承攬人施以加工，加工所增加的價值顯然超過材料的價額時，因為承攬人本來就負有為定作人施以加工的義務，故由定作人取得工作物的所有權。

(2)上述情形，若因加工所增加的價值，沒有超過材料的價額時，由該材料所有權的第三人取得工作物的所有權，此時承攬人應自己取得該物的所有權以移轉給定作人，或使第三人直接移轉所有權給定作人。

(3)在定作人與承攬人各供給材料時，如果定作人所供給的材料形成加工物的基礎，但該材料是第三人所有的，則以定作人視為加工人（因為承攬人此時是直接為定作人加工），若將承攬人所供給材料價值與加工所增加的價值合算的價額，顯然超過第三人材料的價值時，則工作物歸屬於定作人所有，否則歸第三人所有。承攬人所供給的材料形成工作物的主要部分，

---

p. 311。

[20]　參史尚寬，前揭《債法各論》，p. 311。

其材料是屬於第三人所有，則以承攬人為加工人，將定作人所供給的材料價值與加工做增加的價值合算的價額，顯然超過第三人所有的材料價值時，工作物應歸承攬人所有，否則歸第三人所有。

不過本書認為上述由承攬人取得工作物所有權部分，似乎仍有斟酌的餘地，蓋由定作人原始取得該工作物的所有權，才符合承攬契約的本旨，並且依民法第 490 條第 2 項的規定，承攬所約定的報酬，通常有包含該材料的價額，實質上可謂係由定作人提供材料，所以應解為定作人原始取得該工作物的所有權，如此才符合當事人的真意。

㈡工作物為不動產

1.由定作人提供材料

由定作人提供材料，而工作物為不動產者，例如由定作人供給水泥、磚、鋼筋等建築材料，而由承攬人建造房屋。該工作物完工後，其所有權的歸屬，應與前述工作物為動產時相同，不論是一般承攬或不規則承攬，均由定作人取得該工作物所有權，才符合當事人的真意。

2.由承攬人供給材料

⑴由定作人提供工作基底者

由定作人提供不動產為基底，而由承攬人以自己的材料施工者，例如由承攬人提供材料來為定作人的房屋（基底）修繕或改建，此乃承攬人的財產附合於定作人的不動產，所以定作人依民法第 811 條取得材料的所有權[21]。另外本於承攬契約的本旨，由定作人直接取得該工作物的所有權，亦較符合當事人的真意。

⑵由定作人提供工作基地者

建築物的基地若是由定作人提供，而由承攬人以自己的材料建築者，該工作物完工後所有權歸屬，有下列三說：

　a.第一說：定作人提供基地（定作人對基地有所有權、地上權或其他

[21]　參鄭玉波，前揭《民法債編各論（上）》，p. 359；史尚寬，前揭《債法各論》，p. 312。

權利），土地為建築的基礎，依不動產所有權人取得為其不動產之從屬的附合之物的所有權原則，無論該材料為定作人自己所有或承攬人所有，甚至是第三人所有，均因材料附合於土地，故該工作物歸定作人原始取得❷。

b. 第二說：我國民法土地與建築物均為獨立的不動產，所以不能認為有附合（民法第811條）規定的適用，所以應認為由承攬人原始取得該工作物的所有權，於辦理所有權的保存登記後，再移轉登記給定作人❷。

c. 第三說：承攬人係以為他人工作或使他人取得工作物所有權之意思而為建造，所以於工作物完工後，由定作人原始取得才符合當事人的意思❷。

上述三說應以第三說較為可採，蓋由定作人原始取得該工作物的所有權，才符合承攬契約的本旨，並且依民法第490條第2項的規定，承攬所約定的報酬，通常有包含該材料的價額，實質上可謂係由定作人提供材料，所以應解為定作人原始取得該工作物的所有權，如此才符合當事人的真意❷。

另外若定作人所提供的基地，是屬於不法占有第三人的土地，而使承攬人為建築時，仍應由定作人取得建築物的所有權❷。但不得對抗土地所有權人，土地所有權人可以請求定作人拆屋還物並請求賠償相當於租金的

---

❷ 參史尚寬，前揭《債法各論》，p. 314。
❷ 參鄭玉波，前揭《民法債編各論（上）》，p. 359。
❷ 參楊芳賢，前揭《民法債編各論（上）》，pp. 588～589。
❷ 參劉春堂，前揭《民法債編各論（中）》，p. 39。
❷ 參最高法院48年度第二次民刑總會決議㈠：「某甲有房屋一棟，出租與某乙使用，嗣該房屋經颱風吹毀，某乙未得甲之同意，出資就原有房屋一部分舊材料重新建築房屋一棟，原有房屋既經颱風吹毀後，不復存在，某甲就原有房屋所有權即之喪失，嗣後某乙出資重新建築房屋，該新建房屋，即應由乙原始取得，某甲不得就新建房屋主張所有權，惟新建房屋中一部分材料係取自某甲原出租之房屋，某甲得就喪失材料部分向某乙請求賠償損害或返還不當得利。」

損害。

(3)由承攬人提供工作基地者

此種由定作人定作，而由承攬人以自己之材料並在自己的土地上建築的情形，亦屬於工作物供給契約的一種。我國學者通說認為，應先由承攬人原始取得該工作物的所有權，嗣後再由承攬人依買賣的規定移轉所有權給定作人❷。亦有認為應由定作人原始取得才符合承攬契約的本旨❷。應以後說可採，蓋由定作人原始取得該工作物的所有權，才符合承攬契約的本旨，並且依民法第 490 條第 2 項的規定，承攬所約定的報酬，通常有包含該材料的價額，實質上可謂係由定作人提供材料，所以應解為定作人原始取得該工作物的所有權，如此才符合當事人的真意❷。

3.由定作人與承攬人共同供給材料或者材料屬於第三人者

若是屬於此二類型者，其討論與上述動產部分的 3.與 4.相同，故不再重複論述。

(三)定作人取得所有權的時期

綜上所述，承攬人所完成的工作物，無論承攬人所提供的工作物是全部、主要部分或一部，除非當事人另有約定，否則均應解由定作人原始取得工作物的所有權，如此才符合當事人的真意。但工作物通常都是逐漸完成（特別在建築物更是如此），則定作人究竟是在何時取得工作物的所有權呢？有認為應於工作物全部完工時才取得所有權，另有認為於工作物成形起，即按其完成程度逐漸取得所有權❸。通說是採前說❸，本書採之。

---

❷ 參鄭玉波，前揭《民法債編各論（上）》，p. 359。

❷ 參邱聰智，前揭《新訂債法各論（中）》，p. 60；王和雄，前揭〈承攬供給契約之性質及其工作物所有權之歸屬〉，p. 123。

❷ 參劉春堂，前揭《民法債編各論（中）》，p. 39。

❸ 參邱聰智，前揭《新訂債法各論（中）》，p. 61。

❸ 參鄭玉波，前揭《民法債編各論（上）》，pp. 357～359；劉春堂，前揭《民法債編各論（中）》，p. 39。

第二章
工作物之瑕疵擔保責任

　　工作之完成為承攬人的主要責任，也是承攬契約的原始目的，那麼我們就必須確保當承攬人完成工作後，所移交的工作物能夠符合當初雙方簽約時的期待，所以瑕疵擔保責任當然為承攬人的義務之一。以下將從瑕疵擔保責任的意義、種類以及其所代表的法律效果三方面討論之。

一、承攬瑕疵擔保責任的意義

　　關於瑕疵擔保責任，原則上普遍存在於一般有償性的財產類型契約，如買賣、互易、租賃等等，此乃為了增進交易信用及保護交易安全所必要[32]。可是就承攬契約而言，承攬人的瑕疵擔保責任，主要是以利害調整為目的，將買賣及租賃的擔保責任，混合為一體，並因其為勞務契約之特殊性，而設有特別規定。其如同租賃有瑕疵修補請求權，如同買賣有解除契約權，如同租賃與買賣有報酬減少請求權[33]。承攬契約一向注重於承攬人勞務的提供並完成一定工作，而被歸類於民法債編中典型的勞務契約，性質上本來應沒有所謂的瑕疵擔保責任制度，但是承攬既著重在工作的完成，且必須依照與定作人間的約定完成工作，使完成之工作物具有通常或契約預定效用的品質，由此可知承攬契約應兼有財產契約的性質，所以法律才特別設有關於瑕疵擔保責任之規定，此處展現出承攬契約與勞務契約的不同風貌。

　　承攬人之瑕疵擔保責任是一種法定擔保責任，並不以承攬人在履行承攬契約過程中，主觀上具有過失為必要；但是對工作物之瑕疵，如有可歸責於承攬人之事由時，會同時發生不完全給付之債務不履行問題。承攬契

[32]　參史尚寬，前揭《債法各論》，p. 11。

[33]　參史尚寬，前揭《債法各論》，p. 316。

約性質上是有償契約（雖屬勞務契約，但兼有財產契約的性質），依民法第 347 條規定：「本節規定，於買賣契約以外之有償契約準用之。但為其契約性質所不許者，不在此限。」故承攬之瑕疵擔保制度無特別規定時，得準用買賣瑕疵擔保之規定。

二、承攬瑕疵擔保責任之適用範圍

(一)權利瑕疵擔保

買賣的瑕疵擔保可以分成二種，一為權利瑕疵擔保，一為物之瑕疵擔保。但關於權利瑕疵擔保，民法承攬一節並未設有特別規定，那麼承攬契約會不會有權利瑕疵擔保責任的情況發生？

1. 肯定說

此說認為承攬雖無權利瑕疵擔保的特別規定，但可以準用買賣契約中關於權利瑕疵擔保責任的規定，因有時承攬人負有移轉工作物所有權之義務時，自然會有權利瑕疵擔保之問題❸❹。

2. 否定說

此說認為，承攬工作物的所有權，於工作完成時，即由定作人原始取得所有權，理論上及實際上，均無從於承攬契約成立時或以前，存有權利之瑕疵，自然不會有權利瑕疵擔保適用的可能❸❺。

本書見解以為，在一般承攬，在材料全部由定作人供給時，並不發生權利瑕疵之問題，蓋因材料既由定作人供給，如因此而產生權利是否存在或權利是否完全之問題，亦應由定作人負責，與承攬人無涉，且若承攬工作物因承攬人之原因致被第三人占有時，亦僅產生所有物返還請求權之問題，仍不發生權利瑕疵之問題❸❻；但在承攬人提供材料以及不規則承攬之

---

❸❹ 參鄭玉波，前揭《民法債編各論（上）》，pp. 364～365；史尚寬，前揭《債法各論》，p. 317。

❸❺ 參邱聰智，前揭《新訂債法各論（中）》，p. 73；劉春堂，前揭《民法債編各論（中）》，p. 43。

情形下，因上述二說的學者，對於工作物所有權的歸屬見解不同，才會產生這個爭議，不過似乎無法全然排除定作人可能發生被追奪或主張權利之情形，所以應肯定有權利瑕疵擔保之存在。

(二)物之瑕疵擔保

承攬的內容是一定的工作物，其為勞力跟材料結合的「成果」，所以造成瑕疵的結果通常不單是工作物的材料一開始就先天不良的帶有瑕疵，也有可能在加工的過程中或者是方法有錯誤等技術及品管方面的問題所造成。換言之，工作物的瑕疵，可能是由材料的瑕疵所造成，也有可能是由工作方法或工作過程的瑕疵產生，但不論如何，承攬契約的內容既然重在一定的結果，當承攬的工作不完全，承攬人就要負瑕疵擔保責任，這點倒是跟買賣契約中出賣人的物之瑕疵擔保責任的成立不盡相同，所以承攬的瑕疵擔保責任的規定乃是買賣瑕疵擔保責任的特別規定，應優先適用，承攬未特別規定者才準用買賣的規定 ❸⓿。

三、承攬物之瑕疵擔保責任的成立要件與內容

由於承攬的權利瑕疵擔保部分是準用買賣，並未設有特別規定，故本書僅就承攬的物之瑕疵擔保責任做敘述，且僅以承攬有特別規定者為限。依民法第 492 條規定：「承攬人完成工作，應使其具備約定之品質，及無減少或滅失價值，或不是於通常或約定使用之瑕疵。」依此我們可以得知承攬人的物之瑕疵擔保責任的成立要件與內容如下：

(一)有瑕疵存在

瑕疵存在為物的瑕疵擔保責任的成立要件，其瑕疵原因可能是材料品質不良，亦可能是工作方法不當或所提供的技術不合，均非所問。但此瑕疵之存在須由定作人負舉證責任 ❸❽，依民法第 492 條規定，瑕疵的內容可

---

❸❻　參高明發，前揭〈承攬之理論與實務〉，p. 159。

❸❼　參鄭玉波，前揭《民法債編各論（上）》，pp. 364～365。

分成三種，與買賣之瑕疵擔保責任相同：

1.品質欠缺的瑕疵

承攬人完成之工作，應使其具備約定之品質，如果沒有具備約定的品質，即為有瑕疵。若當事人無約定品質時，承攬人應使其具備通常之品質，否則亦為有瑕疵。至於當事人所完成之工作物，如果不具有承攬人保證的品質時，承攬人是否亦應負瑕疵擔保之責任？承攬的瑕疵擔保責任並無明文規定，所以此時應準用民法第 354 條第 2 項規定，若承攬人所完成的工作物不具備其所保證的品質時，即應與不具備約定品質同負瑕疵擔保責任[39]。

2.價值欠缺的瑕疵

承攬人完成之工作，應使其無減少或滅失工作物之價值，而所謂的價值，本有交換價值與使用價值之分。而在民法第 492 條所謂價值，通說是指客觀的交換價值[40]，也就是說應該就工作的結果，依通常的生活交易情形，客觀的來判斷是否符合正常交易上應具有的價值。然假若承攬人所完成之工作物有減少或滅失使用價值，致其客觀之交易價值減少或滅失，亦同樣為價值之瑕疵。

3.效用欠缺的瑕疵

效用欠缺的瑕疵，指的是承攬完成的工作物不具有通常或約定使用的瑕疵。而此所謂的使用，應是指效用而言，亦即使用價值。而所謂通常效用，即一般交易觀念上應有的效用，另外所謂的約定效用，則是一般交易未必有此效用，但當事人特別以契約約定其效用[41]。

以上所述的瑕疵，是否須以重要的瑕疵為要件？買賣的瑕疵依民法第

[38] 參 94 年臺上字第 1504 號判決：「定作人以工作有瑕疵，主張承攬人應負瑕疵擔保責任，僅須就工作有瑕疵之事實舉證，即為已足，無庸證明承攬人有可歸責之事由；承攬人如抗辯工作之瑕疵，係因定作人所供給材料之性質，或依定作人之指示而生者，對此項免責之事由，應負舉證責任。」

[39] 參高明發，前揭〈承攬之理論與實務〉，p. 164。

[40] 參鄭玉波，前揭《民法債編各論（上）》，p. 365。

[41] 參高明發，前揭〈承攬之理論與實務〉，pp. 164～165。

354 條第 1 項但書雖規定，減少之瑕疵程度無關重要者，不得視為瑕疵，惟在承攬則無此規定，所以應解為承攬人完成的工作物，其瑕疵縱使不重要，只要有影響其使用、交換價值或效用者，仍應認為有瑕疵，承攬人不但對於重要之瑕疵負擔保責任，即對於非重要之瑕疵，亦負擔保責任，始能達到瑕疵擔保責任之目的。至於民法第 494 條但書所規定的「但瑕疵非重要者」，僅在說明「定作人不得解除契約」，非為瑕疵非重要者，承攬人不得行使其他權利❷。

㈡瑕疵須於工作完成時存在

承攬人就工作物瑕疵而應負擔保責任者，以工作完成時業已存在者為限。所謂的工作完成，若是無須交付者，單純是以完成工作而言；若是需交付者，則須待交付後，始屬工作完成，故只要交付前發生之瑕疵，承攬人就需負瑕疵擔保責任，其情形與出賣人物之瑕疵擔保責任相類似❸。另有學者主張，瑕疵雖然是發生在交付後，但若是在民法第 498 條至第 500 條規定的時間內發現者，只要非可歸責於定作人而發生，承攬人仍應負瑕疵擔保責任，蓋民法第 498 條至第 500 條規定的發現期間，應具有保固期間的意義。因此，以契約加長該期間之方法，除直接明示約定加長其發現期間外，保固期間之約定亦有默示延長該發現期間的作用。蓋承攬人對其完成之工作與定作人約定保固期間時，其交付之工作，在保固期間內自不應有不符合約定品質之情形，亦即不得有瑕疵，否則自應負瑕疵擔保責任❹。

㈢須非因定作人指示或其提供材料所生之瑕疵

依民法第 496 條之規定：「工作之瑕疵，因定作人所供給材料之性質或依定作人之指示而生者，定作人無前三條所規定之權利。但承攬人明知其

---

❷　參高明發，前揭〈承攬之理論與實務〉，p. 165。

❸　參邱聰智，前揭《新訂債法各論（中）》，p. 75；劉春堂，前揭《民法債編各論（中）》，p. 45。

❹　參黃茂榮，前揭《債法各論》，p. 428。

材料之性質或指示不適當，而不告知定作人者，不在此限。」依此規定，承攬工作之瑕疵，須非定作人所供給之材料性質或定作人之指示而產生者，承攬人始負瑕疵擔保。反之，若是因定作人所供給材料之性質或者依定作人之指示而發生瑕疵者，則定作人無瑕疵擔保請求權。此項免責事由，應由承攬人負舉證責任❹⑤。需注意的是，此免責事由，須限於承攬人之工作方法無不當而言，若是定作人所供給之材料有瑕疵，或定作人之指示方法有不當，但承攬人之工作方法亦有不當或技術欠佳，兩者同為瑕疵發生之原因時，則承攬人仍應負瑕疵擔保責任，但可以類推適用民法第 217 條過失相抵之規定，主張減免責任❹⑥。

　　由於承攬人是完成工作的內行人，具有專業知識、技術與經驗，因此對於定作人所提供的材料品質是否不佳，定作人的指示方法是否不當，較定作人為熟悉，所以若承攬人明知定作人之材料品質或指示方法有問題，卻仍故意不告知定作人時，此時依民法第 496 條但書之規定，承攬人仍應負瑕疵擔保責任，以保護定作人之利益，並維持交易上的誠實信用原則❹⑦。至於承攬人是否明知，應由定作人負舉證之責任❹⑧。另外，學說上有認為，基於誠實信用原則，應認為承攬人就定作人所供給之材料或所為之指示，負有提供諮詢、檢驗與檢查的義務❹⑨，承攬人如果未盡善良管理人的注意義務，應負債務不履行的損害賠償責任❺⓪。

---

❹⑤　參邱聰智，前揭《新訂債法各論（中）》，pp. 76～77。

❹⑥　參邱聰智，前揭《新訂債法各論（中）》，p. 77；劉春堂，前揭《民法債編各論（中）》，p. 45。

❹⑦　參劉春堂，前揭《民法債編各論（中）》，p. 45。

❹⑧　參 78 年臺上字第 1219 號判決：「工作之瑕疵，因依定作人之指示而生者，除承攬人明知其指示不適當，而不告知定作人外，定作人無瑕疵擔保請求權。民法第四百九十六條定有明文。本件承攬人華○公司依上訴人之指示施工，上訴人不能證明華○公司明知該指示不適當而不告知上訴人，上訴人自不得主張瑕疵擔保請求權。」

❹⑨　參楊芳賢，前揭《民法債法各論（上）》，p. 589。不過亦有學者認為承攬人無此義務；鄭玉波，前揭《民法債編各論（上）》，p. 371。

四、承攬瑕疵擔保責任的法律效果

依我國民法之規定，承攬的工作有瑕疵，以致承攬人應負瑕疵擔保責任者，定作人所能主張的權利有四種：㈠瑕疵預防請求權；㈡瑕疵修補請求權與修補費用償還請求權；㈢報酬減少請求權；㈣契約解除權，詳細內容如下：

㈠瑕疵預防請求權

主要是指定作人預先避免瑕疵發生的權利。倘若瑕疵尚未發生，但是依照目前發展態樣，瑕疵極為可能發生，沒有道理讓定作人只能束手待斃，而必須等待瑕疵發生後才能向承攬人請求修補或求償等法律動作。因此，合理地賦予定作人事前介入阻止瑕疵發生之權限，無疑是比較妥適的處理方式，讓定作人有機會於瑕疵發生前阻止瑕疵的發生，將可避免日後等到瑕疵發生時，雙方處理瑕疵問題所徒增之困擾。

因此，第497條第1項規定：「工作進行中，因承攬人之過失，顯可預見工作有瑕疵，或有其他違反契約之情事者，定作人得定相當期限，請求承攬人改善其工作，或依約履行」。同條第2項並規定：「承攬人不於前項期限內，依照改善或履行者，定作人得使第三人改善或繼續其工作，其危險及費用，均由承攬人負擔。」如此，定作人可以事先介入，避免日後產生爭議，造成浪費資源。

㈡瑕疵修補請求權與修補費用償還請求權

民法第493條第1項規定：「工作有瑕疵者，定作人得定相當期限，請求承攬人修補之。」此乃定作人的瑕疵修補請求權，亦為承攬人的瑕疵修補義務。例如，新建的房屋會漏水，可以請求營建公司補漏；定作的旗袍尺寸不合，無法穿用，可以請求裁縫師修改。以下就瑕疵修補請求權的相關問題論述如下：

---

❺⓪　參劉春堂，前揭《民法債編各論（中）》，p. 45。

1. 先定相當期限請求修補

定作人於工作有瑕疵而請求承攬人修補時，應先定相當期限催告之，必定要承攬人不於期限內修補時，定作人始得自行修補並請求償還修補的必要費用，或解除契約，或請求減少報酬。至於期限是否相當，解釋上與民法其他條文雷同（例如：民法第 214 條、第 254 條、第 430 條），宜斟酌個案具體客觀情況，以交易習慣定之❺。另外有鑑於瑕疵擔保責任上非債務不履行，故債務人於相當期限內修補完成者，理論上，尚無給付遲延的問題❺。反之，若於相當時限內未為修補完畢，承攬人除了有第 493 條第 3 項拒絕修補的情形外，承攬人應負給付遲延之責，定作人可以請求遲延賠償❺。

至於應先定相當期限請求修補之理由，乃在於承攬人本身具有較強的修補能力，其可以以較低廉的成本完成修補❺。定相當期限請求修補雖具有兼顧承攬人之利益，不過此尚非強制規定，當事人可以特約排除之，但定作人若是以定型化契約條款方式為之者，應注意民法第 247 條之 1 規定❺。

定作人定相當期限請求修補後，在承攬人未拒絕修補，或遲延修補前，不得解除契約或請求減少報酬，故在該期限屆滿前，定作人不得拒絕承攬

---

❺ 參邱聰智，前揭《新訂債法各論（中）》，p. 78。

❺ 參邱聰智，前揭《新訂債法各論（中）》，p. 78。

❺ 參劉春堂，前揭《民法債編各論（中）》，p. 46。

❺ 參 86 年臺上字 2298 號判決：「所謂定作人得自行修補，係以承攬人不於定作人所定之期間內修補，或拒絕修補為其要件。良以定作人既願訂定承攬契約而將其工作委由承攬人承製，顯見對於工作瑕疵之補完，亦以承攬人有較強之修繕能力，能夠以較低廉之成本完成修補，定作人倘未先行定期催告承攬人是否修補瑕疵，自不容其逕自決定僱工修補；此不獨就契約係締約雙方以最低成本獲取最大收益之經濟目的所必然獲致之結論，且就避免使承攬人負擔不必要之高額費用之公平原則而言，自乃不可違背之法則。」

❺ 參詹森林，〈承攬瑕疵擔保責任重要實務問題〉，《月旦法學雜誌》，元照股份有限公司，第 129 期，p. 8。

人之修補，而為其他請求。但在相當期限屆滿後，承攬人未為修補者，定作人之瑕疵修補請求權，是否當然消失？德國民法第 634 條第 1 項第 3 款之規定，定作人只能解除契約或減少報酬，不得再請求瑕疵修補。不過我國民法並無相關規定，應不必做相同之解釋，因此縱使於期限屆滿後，定作人究竟欲行使瑕疵修補請求權，或其他權利，全由定作人自行決定❺❻。

2. 瑕疵修補適用的時期

雖然第 493 條第 1 項規定，工作有瑕疵者，定作人得定相當期限，請求承攬人修補之，並未明文限制只有在工作已完成的情況，但是參照第 492 條規定之承攬人「完成」工作之用語，似乎應認為定作人之瑕疵修補請求權，必須等到工作完成或工作交付時起，才可以適用，蓋通常工作未經受領，無從知悉瑕疵存在❺❼。

但如果工作進行中，便已發現有瑕疵時，得否不經受領而請求修補瑕疵？應採肯定見解，定作人無須坐待其完成，再請求修補瑕疵。蓋承攬人既負有完成無瑕疵之工作物義務，則定作人於受領前發現瑕疵而請求其修補，不僅無背於誠信原則，亦不影響承攬人之權利❺❽。不過定作人此一權利，宜認為係履行請求權之行使❺❾。但此與我國民法第 497 條之瑕疵預防，仍不相同，因在此不以承攬人有過失為要件，且瑕疵在此情形下為已顯著，非如第 497 條所謂顯可預見。

又因承攬人既負有完成無瑕疵工作之義務，因此在定作人受領工作之前，對於瑕疵有修補權，固不待言；於定作人受領工作之後，承攬人欲進行工作之修補，固應得定作人之同意，惟定作人欲行使民法第 493 條第 2 項之自行修補權，或行使民法第 494 條之解除契約或減少報酬之權利，仍應給予承攬人有修補瑕疵之機會，故承攬人在定作人受領工作之後，亦有

---

❺❻　參王和雄，〈承攬人瑕疵擔保責任之研究〉，國立政治大學法律研究所碩士論文，民國 63 年，p. 84。

❺❼　參高明發，前揭〈承攬之理論與實務〉，p. 170。

❺❽　參高明發，前揭〈承攬之理論與實務〉，p. 171。

❺❾　參楊芳賢，前揭《民法債法各論（上）》，pp. 604～605。

瑕疵修補權❻。

3.瑕疵修補的方式

關於瑕疵修補的方法，一般認為有修繕和重作二種，而承攬的工作有瑕疵時，定作人請求修補瑕疵的方式，可否不以修繕方式，而要求承攬人以重作的方式，來交付無瑕疵的工作物？

(1)肯定說

德國傳統見解認為，在定作人受領工作之前，定作人有履行請求權，因此就工作物的瑕疵，如果修繕不可行時，只要重作對於承攬人尚可期待其能完成工作，定作人是可以請求承攬人重作的，這是準用種類物出賣人瑕疵擔保之規定，所以定作人在給付有瑕疵時，有請求另行交付無瑕疵之物之權利，以避免承攬人藉口修補費用過鉅，定作人只得請求解除契約。至於定作人受領工作之後，定作人僅得主張瑕疵修補請求權請求修繕，無法再請求重作，蓋定作人受領後，給付即已特定。此一見解認為，定作人之受領工作，具有將定作人之履行請求權特定於瑕疵工作之修補請求權之作用❻，意即受領後，即不可重作。

不過德國聯邦最高法院在 1985 年 10 月 10 日的一項判決已明白放棄上述傳統見解，而認為縱使定作人在受領工作後，若工作之瑕疵僅得以承攬人重作方式排除時，定作人之瑕疵修補請求權仍可主張重作。至於它的主要理由約略如下 ❻：

 a.實際上修繕或重作，難以嚴格區分，例如主承攬人將屋頂工作交由
  次承攬人擔任，而有瑕疵之情形，對於主承攬人係修繕，但是對於
  次承攬人則係重作。

---

❻ 參劉春堂，前揭《民法債編各論（中）》，p. 47。

❻ 參史尚寬，前揭《債法各論》，p. 318；黃越欽，〈承攬契約的履行與瑕疵擔保責任〉，收錄於鄭玉波主編，《民法債編論文選輯（下）》，五南圖書出版公司，民國 73 年 7 月初版，p. 1181；楊芳賢，前揭《民法債法各論（上）》，pp. 604～605；黃茂榮，前揭《債法各論》，p. 439。

❻ 參楊芳賢，前揭《民法債法各論（上）》，pp. 606～608。

b.定作人受領工作之後，承攬人信賴定作人不會指摘工作物瑕疵，而有另行與他人簽訂承攬契約的工作利益，因此僅須就工作瑕疵加以修繕而無須重作，相較於定作人利益之保護，並不具有重要性。

c.受領之意義與作用方面，定作人受領工作，係判斷危險負擔是否移轉之標準（第 508 條第 1 項，此外，並參見第 504 條）。受領對於工作瑕疵而言，僅是發生舉證責任轉換的效果而已。意即工作之受領，依法並無任何所謂將工作具體化在既已存在但是有瑕疵之工作之效力。因此，第 493 條第 1 項之瑕疵修補請求權，係指一切完成合乎契約約定無瑕疵工作所必要之措施，而包括已為給付之全部更換。故受領前，僅須就個別部分修繕，即得完成合乎契約約定之無瑕疵工作，定作人依誠信原則，不得請求重作；反之，受領之後，若僅得依重作方式完成合乎約定之工作結果，定作人亦得請求已為給付部分之全部更新。

d.修繕對於承攬人固然在費用上較為有利，但是此一情形並不排除承攬人亦可能寧可重作，而非對於各細部工作進行修繕。

e.對於定作人重作之請求，若重作費用過鉅時，承攬人可以類推民法第 493 條第 3 項規定，拒絕為重作。

(2)否定說❻

a.我國承攬瑕疵擔保責任的規定，並無明文規定得請求重作之權，此種立法顯然是認為承攬工作為「特定」而非「種類」之債，故與種類物買賣有別，不可準用民法第 364 條之規定❻。

b.定作人於工作完成前，有瑕疵預防請求權（民法第 497 條），於工作完成後，亦可以拒絕受領，如可以請求重作，對承攬人未免過為嚴苛，定作人對工作無須修補部分請求新作，亦無利益，且工作完成後之瑕疵修補請求權，民法特設有明文（民法第 493 條以下），自有限制定作人瑕疵修補請求權之意，故承攬人完成之工作，定作

❻ 參高明發，前揭〈承攬之理論與實務〉，pp. 171～173。
❻ 參黃越欽，前揭〈承攬契約的履行與瑕疵擔保責任〉，p. 1172。

人僅得請求除去其瑕疵，若定作人仍請求另為無瑕疵工作物之給付時，其請求即無理由。但承攬人於定作人請求除去瑕疵時，不妨易以新作。

c.承攬包含有勞務提供的性質，不同於買賣，在買賣通常僅係物之移轉與價金之交付，其以甲物或乙物交付，於出賣人無多大之差異，亦無太大的損失可言。但在承攬則不同，若要重作以交付無瑕疵的工作者，承攬人必須重行工作，須再為一次或多次的勞務支出，始得請求報酬，有鑑於瑕疵擔保責任之規定，本在於平衡雙方的對價關係，藉以維持交易安全，且瑕疵擔保責任已有修補瑕疵的規定可以救濟，所以不可請求重作。

本文見解認為以後說可採，蓋依我國承攬瑕疵擔保責任之規定，僅可主張修補瑕疵、減少報酬、損害賠償及解除契約，已明文限制定作人可主張之權利，且在可歸責於承攬之事由致工作物瑕疵重大不能使用者，僅得解除契約而回復原狀，故在我國法下無法承認瑕疵修補請求權包括重作的權利。

4. 定作人明知工作有瑕疵，不為異議而受領工作物，定作人可否請求承攬人修補瑕疵？

(1)肯定說

此瑕疵修補義務，非因為一般債務不履行之效力而發生，乃是承攬的特別義務，從而承攬人有無過失在所不問，定作人之瑕疵擔保請求權，若非經定作人明示拋棄，或因期間屆滿而消滅，則定作人於受領時，明知有瑕疵之存在，並不為保留者仍享有瑕疵擔保請求權，即得請求瑕疵修補，定作人縱然未為異議而受領工作物，承攬人亦不能免其修補義務❻❺。

(2)否定說

承攬的瑕疵擔保責任，雖未如民法第 504 條訂有工作遲延時，定作人受領工作不為保留者，承攬人對於遲延之結果不負責任之規定，但定作人若明知有瑕疵存在，其受領不為異議保留者，可認為定作人對此瑕疵有默

---

❻❺　參史尚寬，前揭《債法各論》, p. 319。

示拋棄請求的意思，所以定作人不可再請求修補瑕疵❻。基於正當信任原則，亦應如此解釋❼。

上述二說應以否定說為妥，若定作人明知有瑕疵存在，受領時不為異議的保留，會讓承攬人信賴其不欲行使瑕疵擔保請求權，其後若仍主張之，似乎有違禁反言原則。

5. 定作人自行修補權及修補費用償還請求權

承攬人如果不於定作人所定相當期限內為修補（包括怠於修補或拒絕修補），定作人本可待判決確定後，以強制執行的方式請求承攬人修補，但如此為之不僅緩不濟急，亦徒增勞費，所以民法第 493 條第 2 項規定：「承攬人不於前項期限內修補者，定作人得自行修補，並得向承攬人請求償還修補必要之費用。」而此自行修補，包括定作人自己修補以及使他人修補在內，且不必通知承攬人，亦不用以得其同意為必要。而定作人請求償還的費用須為必要費用，且以實際支出者為限，是否必要，應依客觀情形認定之，不成比例的支出或者尚未支出者，均不得請求償還❻。又此請求權是本於契約關係而生，所以不以具備無因管理的要件為必要❻。但是定作人

---

❻　參王和雄，前揭〈承攬人瑕疵擔保責任之研究〉，p. 136；高明發，前揭〈承攬之理論與實務〉，p. 170。

❼　參 88 年臺上字第 2694 號判決：「當事人締結之契約一經合法成立，即應受其拘束，權利人得依約行使其權利。縱權利人未在相當期間內行使其權利，亦須有特別情事，足使義務人正當信任權利人已不欲行使其權利，始得認其嗣後再為權利之行使，係違反誠實信用原則。」86 年臺上字第 3751 號：「已登記不動產所有人行使除去妨害請求權並無民法第一百二十五條消滅時效規定之適用，其在相當期間內未行使該權利，除有特別情事足以引起他人之正當信任，以為其已不欲行使權利外，尚難僅因其久未行使權利，而指其嗣後行使權利係有違誠信原則。」

❻　參 93 年臺上字第 1140 號判決：「定作人因承攬之工作物有瑕疵，依民法第四百九十三條第二項規定向承攬人請求償還自行修補必要之費用，以其已支出自行修補瑕疵必要費用為前題。如尚未支出，即不得依該條規定而為請求。」並可參 80 年臺上字第 465 號判決。

❻　參史尚寬，前揭《債法各論》，p. 320。

要自行修補前，必須先定相當期限請求承攬人修補，否則即不得向承攬人請求償還其所支出的必要費用 ❼, 亦不得以工作有瑕疵為由而請求減少報酬 ❼。且於此情形，定作人亦不可另依無因管理或不當得利向承攬人主張所支出的必要費用，以免民法第 493 條第 1 項及第 2 項成為具文 ❼，不過此時承攬人因未修補瑕疵而節省之費用，應可類推民法第 267 條但書之規定，將其所支出的必要費用自承攬人所可獲得的報酬中扣除，如報酬已先行支付者，則得請求定作人返還之 ❼。

依據第 493 條第 2 項的文義，似須先由定作人自行或委由第三人修補後，再向承攬人請求償還修補之必要費用。然而此一情形，適用於定作人之資力尚足以負擔者，且承攬人有償還資力時，固無問題；若是較為重大之瑕疵，尤其定作人必須交由第三人進行修補者，不僅容易造成定作人財

---

❼ 參 86 年臺上字第 2298 號判決：「民法第四百九十三條規定：『工作有瑕疵者，定作人得定相當之期限，請求承攬人修補之。承攬人不於前項期限內修補者，定作人得自行修補，並得向承攬人請求償還修補必要之費用。如修補所需費用過鉅者承攬人得拒絕修補。前項規定，不適用之。』所謂定作人得自行修補，係以承攬人不於定作人所定之期間內修補，或拒絕修補為其要件。良以定作人既願訂定承攬契約而將其工作委由承攬人承製，顯見對於工作瑕疵之補完，亦以承攬人有較強之修繕能力，能夠以較低廉之成本完成修補，定作人倘未先行定期催告承攬人是否修補瑕疵，自不容其逕自決定僱工修補；此不獨就契約係締約雙方以最低成本獲取最大收益之經濟目的所必然獲致之結論，且就避免使承攬人負擔不必要之高額費用之公平原則而言，自乃不可違背之法則。」

❼ 參 86 年臺上字第 556 號判決：「承攬人之工作有瑕疵者，須定作人定相當期限請求承攬人修補，承攬人如不於期限內修補時，定作人始得自行修補，請求承攬人償還修補必要費用，或解除契約或請求減少報酬；又其瑕疵係可歸責於承攬人時，定作人始得請求損害賠償，此觀之民法第四百九十三條、第四百九十四條、第四百九十五條之規定自明。本件上訴人既未定相當期限請求被上訴人修補，自不得請求減少報酬。」

❼ 參詹森林，前揭〈承攬瑕疵擔保責任重要實務問題〉，p. 8。反對見解，認為可以主張無因管理者，參史尚寬，前揭《債法各論》，p. 320。

❼ 參劉春堂，前揭《民法債編各論（中）》，p. 48。

力上之負擔，而且定作人事後對承攬人求償時，承攬人亦可能已無資力。因此，德國聯邦最高法院認為，基於誠信原則，應讓有意實際修補工作瑕疵之定作人，得請求承攬人預付瑕疵修補費用，以適當保護其權利；此項見解，並為德國 2002 年 1 月 1 日施行的新民法第 637 條第 3 項所明文化❼。

　　我國民法上，關於此一問題並未設有明文規定，定作人已定相當期限請求承攬人修補瑕疵無結果，而得自行修補瑕疵時，得否請求承攬人預付瑕疵修補費用？若考慮定作人利益之保護，應認為可以預先請求支付必要費用，蓋於承攬人自費修補瑕疵之情形，定作人無庸自行修補而承擔承攬人無資力償還修補費用之風險。在承攬人經定作人請求修補而怠於修補或拒絕修補之情形，定作人之地位不應更為不利，故應可於此情形下請求承攬人預付修補必要費用，以符公平。至於其法律依據，有認為，德國聯邦法院過去是以誠信原則為依據，而我國民法第 148 條第 2 項亦有誠信原則的明文，故可以此為依據❼。另有認為，似得參照第 213 條第 1 項及第 3 項規定之意旨❼，損害賠償請求權人除請求回復原狀外，亦得請求支付回復原狀所必要之費用，而以第 493 條第 2 項規定為依據，使定作人於實際修補瑕疵之前，得請求承攬人支付修補瑕疵之必要費用❼。我國民法第 493 條第 2 項，並未限定定作人需在自行修補完後，才可以向承攬人請求修補費用，只要費用是必要的，縱使於修補前行使亦無不可。

6. 承攬人的拒絕修補權

　　定作人定相當期限請求修補時，承攬人應予修補，不得拒絕，否則定作人即可自行修補並請求費用的償還，此乃是原則。但是若瑕疵修補所需的費用過鉅者，強令承攬人修補，不免過於嚴苛，所以民法第 493 條第 3

---

❼　參詹森林，前揭〈承攬瑕疵擔保責任重要實務問題〉，p. 9。

❼　參詹森林，前揭〈承攬瑕疵擔保責任重要實務問題〉，p. 9。

❼　有關第 213 條第 3 項與第 215 條之區別，參黃立，〈剖析債編新條文的損害賠償方法〉，《月旦法學雜誌》，第 61 期，89 年 6 月，p. 36。

❼　參楊芳賢，前揭《民法債法各論（上）》，p. 610。

項規定:「如修補所需費用過鉅者,承攬人得拒絕修補。前項規定,不適用
之。」依此規定,在此種情形下,承攬人不但可以拒絕修補,並且定作人亦
不可自行修補然後主張費用之償還,否則無異強令承攬人負擔龐大不合理
的修補費用。至於所需費用是否過鉅,應就其費用對於全部工作之價值,
及比較修補所需的費用與因修補所生的利益定之,而過鉅的事實,應由承
攬人負舉證責任,因為此乃承攬人行使修補拒絕權之要件 **⓲**。所謂費用過
鉅者,例如,房屋建築完成,但因土地疆界,位置不便,若欲移動,所需
的費用與重造無異 **⓳**。應予注意的是,承攬人雖可拒絕修補,但並不能因
此免責,定作人仍可解除契約或減少報酬或請求損害賠償。

7. 瑕疵修補請求權與報酬給付請求權的關係

　　由於承攬人依承攬契約負有完成契約約定工作的義務,其中當然包括
完成無瑕疵工作物的情況。因此,依據第 492 條規定,承攬人完成之工作,
應使其具備約定之品質,及無減少或滅失價值,或不適於通常或約定使用
之瑕疵。若工作不符合第 492 條規定而有瑕疵,定作人可以依照第 493 條
第 1 項規定,定相當期限請求承攬人修補;或依第 493 條第 2 項自行修補
及請求費用償還,由此可知,承攬人負有完成無瑕疵工作之義務,工作之
無瑕疵是屬於承攬人的主給付義務(履行義務)**⓴**。

　　因此,就承攬契約而言,其構成對待給付者,在承攬人為完成無瑕疵
的工作;在定作人則是支付約定之報酬,故承攬人完成之工作有瑕疵時,
定作人除了可以拒絕受領外,於定作人行使瑕疵修補請求權,而承攬人未
履行其瑕疵修補義務除去瑕疵前,工作自然未完成,所以定作人可以主張
民法第 264 條同時履行抗辯權之規定,主張瑕疵未除去前,拒絕給付報

⓲ 參鄭玉波,前揭《民法債編各論(上)》,p. 367;史尚寬,前揭《債法各論》,
p. 319。

⓳ 參民法第 493 條的立法理由:「……然修補瑕疵,有時需費過鉅者,例如房屋
建築告竣,因土地疆界,位置不便,遂欲移動,則與創造無異,仍令承攬人修
補,似覺過酷,故許其有拒絕權也。」

⓴ 參王澤鑑,〈物之瑕疵擔保、不完全給付與同時履行抗辯權〉,收錄於《民法學
說與判例研究(六)》,自版,87 年 9 月,p. 127。

酬❽。但若瑕疵無關緊要，定作人拒絕受領，可能違反誠信原則❽。由於瑕疵修補與報酬給付是對待給付關係，所以在工作受領之前，即發現有瑕疵存在，定作人可以同時履行抗辯的方式要承攬人修補瑕疵；在工作受領後，始發現工作有瑕疵者，若定作人尚未給付全部或部分報酬者，定作人仍可以主張同時履行抗辯，要求修補瑕疵，否則就不給付報酬❽。若承攬人於修補瑕疵前，訴請定作人給付報酬，此時法院應為對待給付之判決，即判決「定作人應於承攬人瑕疵修補之同時，給付報酬新臺幣〇〇〇元。」

　　不過我國最高法院認為，若承攬人之工作有瑕疵時，定作人得定相當期限，請求承攬人修補，承攬人不於期限內修補瑕疵或拒絕修補或其瑕疵不能修補者，定作人始得解除契約或減少報酬，除以合法解除契約外，不可拒絕報酬之給付❽。依最高法院之見解，工作瑕疵與報酬給付係屬兩事，並無對價關係，承攬人既經交付工作物，定作人即有支付報酬之義務，除非定作人已經解除契約，否則仍需支付報酬，不可主張同時履行抗辯權來拒絕支付價金。最高法院亦有認為❽，承攬人之瑕疵擔保責任係無過失責任，固不以承攬人具有過失為必要；惟若交付之工作物，有可歸責於承攬人之事由致生之瑕疵，則亦發生不完全給付之債務不履行問題。倘承攬人應負不完全給付之債務不履行責任者，自非不能類推適用給付遲延之法則，請求補正或賠償損害，並有民法第 264 條規定之適用。依此見解，最高法

---

❽　參劉春堂，前揭《民法債編各論（中）》，p. 48。

❽　參楊芳賢，前揭《民法債法各論（上）》，p. 594。

❽　參楊芳賢，前揭《民法債法各論（上）》，p. 595。

❽　參最高法院 82 年臺上字第 1440 號判決。

❽　參 89 年臺上字第 412 號判決：「承攬人完成之工作，應使其具備約定之品質，及無減少或減失其價值，或不適於通常或約定使用之瑕疵，民法第四百九十二條定有明文。此項承攬人之瑕疵擔保責任係無過失責任，固不以承攬人具有過失為必要；惟若交付之工作物，有可歸責於承攬人之事由致生之瑕疵，則亦發生不完全給付之債務不履行問題。倘承攬人應負不完全給付之債務不履行責任者，自非不能類推適用給付遲延之法則，請求補正或賠償損害，並有民法第二百六十四條規定之適用。」

院乃迂迴適用不完全給付，忽略第 492 條以下規定之意旨，且將定作人因工作瑕疵所得主張之權利，例如同時履行抗辯，限於因可歸責於承攬人之事由致工作發生瑕疵之情形，似有再斟酌餘地❽。

最高法院的見解，似乎是將學說有關特定物買賣的物之瑕疵與價金給付之論述，適用於承攬契約，亦即特定物之出賣人交付之標的物有瑕疵時，買受人無從主張同時履行抗辯權，以拒絕出賣人請求給付買賣價金。但是在承攬之情形，定作人依第 493 條第 1 項規定，得請求承攬人修補瑕疵，有別於特定物買賣之買受人依法根本無從請求出賣人除去瑕疵之情形，因此二者本質上其實難以適用相同原則❽。即便最高法院不採第 492 條規定有關承攬人主給付義務之見解，但是工作有瑕疵時，定作人既得依據第 493 條第 1 項規定，請求承攬人修補瑕疵，在承攬人修補瑕疵之前，承攬人根本尚未完成約定之工作，依據承攬無結果即無報酬之原則，承攬人請求給付報酬，尚應受定作人瑕疵修補請求權之限制。且定作人既然已主張瑕疵修補請求權，依其情形，就應該可以主張第 493 條第 2 項及第 494 條規定之權利，若仍認為定作人有先給付報酬之義務，無異難以促使承攬人修補瑕疵。此外，硬性要求定作人先給付報酬，等到解約或請求減少報酬時，再要求承攬人返還，不僅不足以適當保護定作人，更有畫蛇添足之嫌。此外，瑞士學說對於與我國民法第 505 條第 1 項相同規定之說明，亦明白表示，於定作人主張瑕疵修補請求權時，在承攬人修補瑕疵之前，得拒絕報酬之給付，而且定作人剩餘未給付之報酬，在一定範圍內得超過承攬人實際修補所需之費用，以作為促使承攬人進行修補之方法，至於其界線，應依誠信原則定之❽。

---

❽　參楊芳賢，前揭《民法債法各論（上）》，pp. 596〜597。

❽　定作人原則上有瑕疵修補請求權，其意義有二，一方面定作人有請求承攬人修補瑕疵之權利，他方面承攬人得主張應許其除去瑕疵，而使工作不具瑕疵。民法所以設此異於買賣契約（尤其是特定物買賣）之規定，乃鑑於承攬人之義務在於完成一定之工作，通常具有除去瑕疵之能力。就法律性質言，應認為承攬人負有完成無瑕疵工作之義務，工作之無瑕疵屬於承攬人之履行義務。參王澤鑑，前揭〈物之瑕疵擔保、不完全給付與同時履行抗辯權〉，pp. 126〜127。

(三)報酬減少請求權

依民法第 494 條之規定:「承攬人不於前條第一項所定期限內修補瑕疵，或依前條第三項之規定拒絕修補或其瑕疵不能修補者，定作人得解除契約或請求減少報酬。」可知，定作人於一定要件下，有報酬減少請求權，其請求的原因有三，即:

1. 定作人定相當期限請求承攬人修補瑕疵，而承攬人不於期限內修補者（民法第 493 條第 1 項、民法第 494 條）。承攬人否認拒絕修補時，應由定作人負舉證責任。若期限屆滿後，定作人自行修補而請求償還費用（民法第 493 條第 2 項），或解除契約，自不得請求減少報酬[89]。

2. 工作之瑕疵修補費用過鉅，而承攬人拒絕修補者（民法第 493 條第 3 項、民法第 494 條）。

3. 工作之瑕疵不能修補者（民法第 494 條），此之所謂不能修補，係指客觀上、技術上確實不能修補而言（如製作物完成之衣服尺寸過小，無法再加放大以符合定作人之身材尺寸是），定作人始得減少報酬。此與出賣人物之瑕疵擔保責任，買受人之價金減少請求權，因標的物有瑕疵即當然發生，有所不同。

此外，尚應予注意者，乃於上述 1. 之情形，定作人得依其選擇，依民法第 493 條第 2 項規定，自行修補而向承攬人請求償還修補必要之費用，或依民法第 494 條規定，解除契約或請求減少報酬；於上述 2. 3. 之情形，則定作人僅得解除契約或請求減少報酬[90]。

承攬人之報酬減少請求權與出賣人物之瑕疵擔保責任之減少價金請求權，頗為類似，故在解釋上其性質亦應認為是形成權[91]，其行使須定作人

---

[88] 參楊芳賢，前揭《民法債法各論（上）》，pp. 595～596。

[89] 參高明發，前揭〈承攬之理論與實務〉，p. 174。

[90] 參劉春堂，前揭《民法債編各論（中）》，pp. 51～52。

[91] 參 71 年臺上字第 2996 號判例:「民法第五百十四條第一項所定定作人之減少報酬請求權，一經行使，即生減少報酬之效果，應屬形成權之性質，該條項就

向承攬人以意思表示為之即可，屬於有相對人之單獨行為，一經行使，即發生減少報酬之效果，不用訴請法院判決（但關於減少數額之多寡有爭議者，則得起訴聲請法院確認之），亦不須經承攬人同意。於承攬人請求給付報酬時，定作人得依抗辯之方式，行使其減少報酬請求權，使發生抵銷效果。且定作人行使減少報酬後，該減少的數額，定作人即無給付的義務，若定作人已支付報酬時，由於該減少數額，是無法律上原因，所以定作人可以依民法第 179 條後段向承攬人主張不當得利之返還，而依民法第 514 條第 1 項，定作人因工作瑕疵所生之減少報酬請求權，其權利行使期間為一年，但是定作人已請求減少報酬時，依不當得利之返還請求權，其時效則為十五年❷。

　　至於其得減少的報酬範圍，我國民法並無明確規定，實務上認為應以相當為限❸，至於何謂相當，甚難判斷。在學說上有比例說與差額說之分，所謂的差額說認為，減少報酬之數額為有瑕疵物的實值與無瑕疵物的買賣之差額❹，例如工作物本來之價值為一千八百元，因工作瑕疵，其價值僅為一千二百元，則定作人可以請求減少報酬為六百元（一千八百元減去一千二百元）；而所謂的比例說乃認為，所得減少報酬之數額，原則上係以工

　　定作人減少報酬請求權所定之一年期間為除斥期間。」不過，就權利之發生言，二者卻頗有差異，蓋於出賣人物之瑕疵擔保責任，減價請求權為先位權利，因瑕疵而當然發生；反之，於承攬人之瑕疵擔保責任，減價請求權須待修補請求權未能實現，始告發生，既非先位，亦非當然發生，甚至可說係附法定停止條件（消極條件）之備位權利。參邱聰智，前揭《新訂債法各論（中）》，pp. 79～80。

❷　參劉春堂，前揭《民法債編各論（中）》，p. 53；楊芳賢，前揭《民法債法各論（上）》，pp. 615～616。

❸　參 58 年臺上字第 634 號判決：「承攬之工作為建築物或其他工作物者，如其工作有瑕疵，定作人僅得請求減少相當之報酬，不得解除契約。所謂僅得請求減少相當報酬，並包括工作之重大修繕，本件工作縱有瑕疵，而經上訴人催告被上訴人重建而未予置理，依法亦不得解除契約，故上訴人所稱已通知解除契約，其真意仍屬終止契約，而終止契約前，上訴人依約應支付之工程費，仍應負履行之義務。」

❹　參鄭玉波，前揭《民法債編各論（上）》，p. 53。

作無瑕疵時應有的客觀交易價值，與該有瑕疵工作之客觀的交易價值的比例計算之，若無適當標準可供計算，自得利用鑑價方式估算其實際得減少之數額於瑕疵非常重大，以致完成之工作毫無價值之情形，應解為得將報酬額減少至零[95]，例如，前例子當事人本來約定報酬為一千五百元，而以一千八百元與一千二百元之比例計算，報酬為一千元，則定作人可請求減少報酬為五百元（一千五百元減去一千元）。

然報酬減少請求權，其所請求減少的報酬，應以何時為決定的時期呢？有下列四說[96]：

1.完成說

認為承攬工作有無瑕疵，於工作完成時就已確定，則報酬之減少，應以工作完成時為準。

2.交付說

認為承攬人工作之交付與定作人報酬之給付，應同時為之，其無須交付者，則於工作完成時為之，故無須交付之工作，定作人報酬之減少，固應以完成時為準而計算之，但在工作需要交付之情形，則無以說明，且工作在交付前，瑕疵難以發現，故以交付時來定報酬減少之標準。

3.請求說

認為承攬工作雖有瑕疵，但減少報酬之請求並非瑕疵救濟的唯一方法，須經定期請求修補瑕疵，必承攬人逾期不修補時，定作人才可以主張減少報酬或解除契約，而要減少報酬或解除契約，亦非經定作人請求不能確定，所以應以請求時為準。

4.合致說

認為德國民法第 634 條第 4 項準用第 460 條減少報酬，於承攬人因定作人之請求而表示同意時，始屬實現之規定，若僅定作人請求時，尚不能發生減少報酬的效力，必其請求經承攬人同意後，方屬確定，故應以承攬

---

[95]　參劉春堂，前揭《民法債編各論（中）》，p. 52；史尚寬，前揭《債法各論》，pp. 38～39；黃茂榮，《買賣法》，自版，91 年增訂五版，pp. 341～342。

[96]　參高明發，前揭〈承攬之理論與實務〉，pp. 175～176。

人意思一致為妥。

上述四說，應以請求說為妥，蓋在一般情況下，定作人必先定期限請求修補，而承攬人逾期不為修補時，始生定作人減少報酬與解除契約之效果，而減少報酬之請求或解除契約，非經定作人為意思表示不能確定，故完成說或交付說均不妥，至承攬人意思合致說，顯然認為報酬減少請求權之性質是請求權，然報酬減少請求權性質應是形成權，故此說亦不可採**❾❼**。

㈣契約解除權

民法第 494 條之規定：「承攬人不於前條第一項所定期限內修補瑕疵，或依前條第三項之規定拒絕修補或其瑕疵不能修補者，定作人得解除契約或請求減少報酬。」依本條規定可知，定作人有契約解除權，性質上是一種形成權，原則上與減少報酬請求權併同存在，解除權發生的原因與減少報酬同，請自行參照前述，本書不再贅言。

1. 行使解除權的限制

契約解除權與報酬減少請求權乃併同存在，定作人本得擇一行使，惟解除契約，於當事人間權利變動甚大，故法律規定亦較為嚴謹，其情形恰如出賣人物之瑕疵擔保責任所生的解除權，甚至更為狹隘**❾❽**。若為下列二種情形，定作人即不得行使解除權（民法第 494 條但書）：

⑴瑕疵非重要

承攬工作之瑕疵，若非重要者不得解除契約，至於瑕疵是否重要，應以當事人締約之目的為準據，斟酌瑕疵之程度、標的物之特性、比較解除及不解除契約對定作人與承攬人之利益與損害，而為綜合判斷，判斷結果，如工作因有瑕疵而不能達契約之目的或於定作人已無利益可言時，則定作人得解除契約 **❾❾**。例如，訂作衣服的尺寸不符，此乃重要瑕疵，蓋已無法達契約目的，對定作人無利益可言，故可解除契約；反之，訂作衣服，僅

---

❾❼ 參王和雄，前揭〈承攬人瑕疵擔保責任之研究〉，p. 189。

❾❽ 參邱聰智，前揭《新訂債法各論（中）》，p. 80。

❾❾ 參詹森林，前揭〈承攬瑕疵擔保責任重要實務問題〉，p. 9。

是鈕釦花紋異樣，此瑕疵並非重大，若可解除契約，對承攬人造成的損失過大，所以賦予定作人報酬減少請求權，已足保護，故定作人不可解除契約。

(2)承攬的工作為建築物或其他土地上的工作物者

所謂建築物，係指定著於土地或地面下具有頂蓋、牆垣，足以避風雨，供人起居或出入之構造物而言 **⓮**；而土地上的工作物，係指定著於土地上或地面下之構造物而言，需非土地之構成部分，繼續附著於土地而達一定經濟上目的，不易移動其所在 **⓯**，建築物不過是其例示，例如，橋樑、隧道、紀念碑、堤防、鐵路、公路等均屬之。此等工作物之承攬，如許解除契約，依民法第 259 條之規定須回復原狀，將造成已完成的建築物或土地上的工作物必須加以拆除，此等建築物或工作物價值甚高，若任定作人拆除，不僅承攬人損失過重，於整個社會經濟利益，亦屬浪費，因此，縱然其瑕疵重大，民法仍明文規定定作人不得解除契約，僅許減少報酬，以衡平雙方權益，並維持社會經濟利益。不過依體系解釋，民法第 494 條但書所稱「承攬之工作為建築物或其他土地上之工作物」應與民法第 513 條第 1 項所稱「承攬之工作為建築物或其他土地上之工作物」，為相同之解釋，故應限縮解釋，認為只限於建築物或工作物的新造，才不可解除契約，若是建築物或工作物的修繕，縱使是重大修繕，定作人之解除權仍不受限制 **⓰**。

依民法第 494 條但書之文義，只要是建築物或其他土地上之工作物者，無論瑕疵情形為何，定作人皆無解除契約之權 **⓱**。最高法院為了緩和該條但書之規定，以兼顧社會需求，於最高法院 83 年臺上字第 3265 號判例對民法第 494 條但書採取了目的性限縮的法學方法，其要旨為：「民法第四百

⓮　參建築法第 4 條、最高法院 63 年第六次民事庭會議決議意旨。

⓯　參釋字第 93 號解釋。

⓰　參邱聰智，前揭《新訂債法各論（中）》，p. 81；高明發，前揭〈承攬之理論與實務〉，p. 178。

⓱　參 53 年臺上字第 3031 號及 58 年臺上字第 634 號判決。

九十四條但書規定，所承攬之工作為建築物或其他土地上之工作物者，定作人不得解除契約，係指承攬人所承攬之建築物，其瑕疵程度尚不致影響建築物之結構或安全，毋庸拆除重建者而言。倘瑕疵程度已達建築物有倒塌之危險，猶謂定作人仍須承受此項危險，而不得解除契約，要非立法本意所在」[104]。此見解為了維護定作人利益及公共利益，限縮民法第 494 條但書的適用範圍，值得肯定，並為多數學者所接受[105]，不過除了判例意旨所示的工作瑕疵程度，已達建築物有瀕臨倒塌的危險外，解釋上應認為，只要工作之瑕疵，無法藉由減少報酬方式，以保障定作人的利益，並兼顧維持該建築物或其他土地上工作物之經濟價值者，縱該建築物或工作物尚無倒塌危險，定作人亦可解除契約，例如，建築物堅固無比，但卻使用輻射鋼筋，該建築物雖無倒塌危險，但顯然會危害人體健康，定作人亦應得解除契約[106]。

89 年 5 月 5 日起施行的民法債編修正條文，於第 495 條增列第 2 項規定：「前項情形，所承攬之工作為建築物或其他土地上之工作物，而其瑕疵重大致不能達使用之目的者，定作人得解除契約[107]。」依其文義、立法理由及立法過程，本條乃特別針對民法第 494 條但書所增設之規定，其與前述

---

[104] 其後最高法院多號判決均採此見解，參 86 年臺上字第 2976 號及 85 年臺上字第 2596 號判決。

[105] 參詹森林，〈建築物或其他土地上工作物承攬契約之解除〉，《台灣本土法學雜誌》，第 22 期，p. 98；邱聰智，前揭《新訂債法各論（中）》，p. 81；劉春堂，前揭《民法債編各論（中）》，p. 54；楊芳賢，前揭《民法債法各論（上）》，p. 614；高明發，前揭〈承攬之理論與實務〉，pp. 180～182。

[106] 參詹森林，前揭〈建築物或其他土地上工作物承攬契約之解除〉，p. 98。

[107] 本條之立法理由：「依第四百九十四條但書之規定，承攬之工作為建築物或其他土地上之工作物者，縱因可歸責於承攬人之事由，致有瑕疵時，定作人仍不得解除契約。在瑕疵重大致不能達使用之目的時，例如承攬人利用海沙為建材建築房屋，如海沙嚴重腐蝕鋼筋，致不能達使用目的時，此項規定對定作人即有失公平，且有礙社會公益。為兼顧定作人之權益及維護社會公益，爰增訂第二項。」

判例相同，均是為了解決以往建築物或其他土地上工作物，不得解除契約的諸多問題，且依民法債編施行法第 27 條規定，本條規定有溯及既往之效力。民法第 495 條第 2 項生效後，實務上或許將產生下述疑義：前揭判例是否因民法第 495 條第 2 項之生效，而不得再予援用？蓋依民法第 495 條第 2 項，僅限於瑕疵係可歸責於承攬人而發生時，定作人方有解除契約之權；而前揭判例，係就民法第 494 條但書所為，由於該條所定之瑕疵，不以可歸責於承攬人為必要，故在瑕疵乃不可歸責於承攬人而發生時，定作人仍得依本判例解除契約。按最高法院 83 年臺上字第 3265 號判例所強調者，係瑕疵程度已達建築物有倒塌之危險。而建築物或其他土地上工作物若有此項危險，且應由承攬人負瑕疵擔保責任，即難以期待定作人不得藉解除契約，以避免因該危險實現而造成更大之人身或財產上損害。縱使該瑕疵為不可歸責於承攬人而發生，亦應認為係屬風險分配問題，且既然瑕疵應由承攬人負擔保之責，亦即並無民法第 496 條前段之情形，則此項風險乃在承攬人控制範圍內，故應由承攬人負擔，而不得藉限制定作人解除契約，轉嫁與定作人。例如，承攬人被詐欺，而購買有缺陷之材料（海砂、輻射鋼筋、有毒油漆、瑕疵電梯等），並使用於所承攬之建築物或其他工作物上，致發生瑕疵，則承攬人雖不可歸責，仍應負擔解除契約所可能引起之不利益。因此應認為，83 年臺上字第 3265 號判例，不因民法第 495 條第 2 項之生效，而失其繼續規範功能。易言之，工作之瑕疵因可歸責於承攬人而發生者，定作人得依民法第 495 條第 2 項規定解除契約；其不可歸責於承攬人，但瑕疵已致建築物或其他工作物有倒塌之危險或其他不能達使用目的之情形者，定作人得依本判例解除契約。結論即係：「工作為建築物或其他土地上工作物之承攬契約，不論係訂立於民國 89 年 5 月 4 日（含）以前，或同年月 5 日（含）以後，若工作有瑕疵，且係因可歸責於承攬人之事由而發生，則適用民法第四百九十五條第二項，亦即瑕疵重大致不能達使用之目的時，定作人得解除契約。瑕疵之發生不可歸責於承攬人時，則適用民法第四百九十四條但書，亦即除有最高法院 83 年臺上字第 3265 號判例所示情形外，定作人不得解除契約。在此見解下，建築物或其他土

地上工作物之瑕疵，係不可歸責於承攬人，且該建築物或工作物亦不致因承攬而有倒塌之危險時，則定作人不得解除契約❿。」

2.契約解除權的內容

定作人有解除權時，關於其解除權行使的方法、效力及消滅，民法承攬一節並無特別規定，所以應回歸民法債編通則之規定，意即適用民法第258條、第259條、第261條、第262條等規定，至於民法第260條則不在準用之列，蓋因第260條所謂的損害賠償是債務不履行的損害賠償，並非認為有新的賠償請求權發生❿。定作人一經行使解除權後,依民法第259條之規定，雙方互負回復原狀之義務，故定作人除了可以請求返還其已支付的報酬外，亦可以請求承攬人將其工作回復至締約狀態，例如請求拆除或破壞既有之工作，不過定作人之請求拆除應本於誠實信用原則為之，若承攬人之工作，對定作人仍有價值者，定作人自不可請求拆除。若定作人請求回復原狀，而承攬人遲不履行時，定作人應可類推民法第493條第2項，自行回復原狀，然後向承攬人請求其所支出的費用❿。

五、瑕疵擔保責任之存續期間

關於承攬人之瑕疵擔保責任，民法就定作人瑕疵擔保請求權之行使，

---

❿ 參詹森林，前揭〈建築物或其他土地上工作物承攬契約之解除〉，pp. 98～100。另外參照最高法院判例要旨，本判例在民法第495條第2項增定後，仍被保留在第494條與第495條之後，可見本號判例仍有適用餘地，參最高法院印行，《最高法院判例要旨》，民國93年2月再版。

❿ 參55年臺上字第1188號判例：「民法第二百六十條規定解除權之行使，不妨礙損害賠償之請求，據此規定，債權人解除契約時，得併行請求損害賠償，惟其請求損害賠償，並非另因契約解除所生之新賠償請求權，乃使因債務不履行（給付不能或給付遲延）所生之舊賠償請求權，不因解除失其存在，仍得請求而已，故其賠償範圍，應依一般損害賠償之法則，即民法第二百六十條定之。其損害賠償請求權，自債務不履行時起即可行使，其消滅時效，亦自該請求權可行使時起算。」另外併可參照最高法院55年臺上字第2727號判例。

❿ 參楊芳賢，前揭《民法債法各論（上）》，p. 615。

定有存續期間，其目的在促使定作人從速行使權利，使當事人間之權利義務狀態，得以早日確定。至於此項期間有兩種，一為瑕疵發現期間，一為權利行使期間，茲分述如下說明：

(一)瑕疵發現期間

此乃指定作人非於此期間內發現工作之瑕疵，則不得主張前述權利之期間，亦稱非難期間或主張權利期間，茲就有關問題分述如下：

1. 一般期間與特別期間

關於瑕疵發現期間，我國民法係以承攬之工作，是否為建築物或土地上工作物為區別標準，設有不同之期限。

(1)一般期間

民法第 498 條規定:「第四百九十三條至第四百九十五條所規定定作人之權利，如其瑕疵自工作交付後經過一年始發見者，不得主張。工作依其性質無須交付者，前項一年之期間，自工作完成時起算。」故一般工作或通常工作（即非建築物或土地上工作物）之承攬，定作人之瑕疵發現期間為一年，稱為一般期間。

(2)特別期間

民法第 499 條規定:「工作為建築物或其他土地上之工作物或為此等工作物之重大之修繕者，前條所定之期限，延為五年。」故一般工作以外工作（即建築物或其他土地上之工作物）之承攬，定作人之瑕疵發現期間為五年，稱之為特別期間。此乃因建築物或其他土地上之工作物之承攬，其瑕疵不容易發現，而又事關重大，定作人主張權利之期間，自應酌予延長。

2. 期間之延長

上述一般期間（一年）與特別期間（五年），為保護定作人利益，於有下列情形時，自應酌予延長。

(1)法定延長

民法第 500 條規定:「承攬人故意不告知其工作之瑕疵者，第四百九十八條所定之期限，延為五年，第四百九十九條所定之期限，延為十年。」此

處所稱承攬人故意不告知其工作之瑕疵，不僅指故意不告知其所完成工作之瑕疵，尚包括承攬人明知定作人所供給材料之性質，或其指示不適當，足以發生瑕疵，而故意不告知定作人而言**⑪**。又因民法第 500 條有關延長期限之規定，係以承攬人故意不告知其工作之瑕疵為要件，從而承攬人係因重大過失而不及告知，並非故意不告知時，自無該條延長期限規定之適用。

(2)約定延長

民法第 501 條規定：「第四百九十八條及第四百九十九條所定之期限，得以契約加長。但不得減短。」從而定作人之瑕疵發現期間，得因當事人之特約而延長，惟得延長若干，我國民法並未設規定，解釋上宜認為不得超過最長消滅時效期間十五年**⑫**。又民法第 501 條但書不得減短瑕疵發現期間之規定，係禁止規定，違反者其縮短之約定無效（民法第 71 條）。

3.性質

上述瑕疵發現期間，其性質應解為係除斥期間，非消滅時效期間**⑬**。

此外更有學者主張，只要是瑕疵的發現在民法第 498 條至第 500 條的期間內，而且是不可歸責於定作人所發生的工作物之瑕疵，承攬人就應該對瑕疵的結果負責，因為民法第 498 條及第 499 條的規定本來就寓有保固期間的作用。所以雙方當事人除了直接以契約明示加長工作瑕疵的發現期間外，保固期間的約定也有默示延長該等發現期間的作用，如果在保固期間內發現承攬的工作物有不符合約定品質的情形，承攬人仍應負擔瑕疵擔保責任**⑭**。而在司法實務上，還認為保固的約定為瑕疵擔保以外之另一種賠償責任的特約，並沒有民法第 514 條第 1 項規定的適用**⑮**。

---

⑪ 參民法第 500 條之立法理由說明。

⑫ 參鄭玉波，前揭《民法債編各論（上）》，p. 373。

⑬ 參史尚寬，前揭《債法各論》，p. 323；鄭玉波，前揭《民法債編各論（上）》，
　　p. 373。

⑭ 參邱聰智，前揭《新訂債法各論（中）》，p. 428。

⑮ 參 84 年臺上字第 95 號判決。

㈡權利行使期間

為使當事人之法律關係得以早日確定，避免其久懸不決，定作人於上述瑕疵發現期間內發現工作有瑕疵者，自應及時行使其瑕疵擔保之各項權利。故民法第514條第1項規定：「定作人之瑕疵修補請求權、修補費用償還請求權、減少報酬請求權、損害賠償請求權或契約解除權，均因瑕疵發見後一年間不行使而消滅。」由是可知，權利行使期間，係對於定作人發現瑕疵後行使權利之限制，其期間均為自瑕疵發現後一年。此一年權利行使期間之性質，我國學者有解釋為係消滅期間者[116]，有解釋為係除斥期間者[117]。由於民法第514條第1項，係就數種不同性質之權利，基於法條簡化而統一規定其權利行使期間，故應分別就各該權利之性質分別加以說明較妥。就定作人之瑕疵修補請求權、修補費用償還請求權及損害賠償請求權而言，其性質為請求權，此一年之權利行使期間自應解釋為係消滅時效；就定作人之契約解除權及減少報酬請求權而言，契約解除權之性質為形成權，故此一年之權利行使期間，係除斥期間，應無疑義，至於減少報酬請求權，因其行使之結果，對於原契約關係亦具有破壞性，應使其早日消滅，故此一年之權利行使期間，自亦應解釋為係除斥期間為妥[118]。

民法既設有瑕疵發現期間，如前所述，復設有此項權利行使期間，二者各有所用，並不重複，二者之關係為在前者之期間內發現瑕疵，始得在後者之期間內行使權利。例如建築物之瑕疵發現期間為五年，設定作人於工作交付後三年三個月月底發現，則只能於第四年三個月月底前行使權利是。此種情形與民法第197條所規定之雙軌制的時效，甚相類似。

受本條期間限制之契約解除權，以因工作瑕疵所生者為限（因條文中

---

[116]　參戴修瓚，《民法債編各論》，三民書局，78年再版，p. 179。

[117]　參鄭玉波，前揭《民法債編各論（上）》，p. 374。其認為，蓋契約解除權屬破壞性權利，應使其早日消滅，固不必論，即其他請求權，雖名為請求權，但實際上或多或少對於原契約總具有破壞性，故亦應使其早日消滅。

[118]　參劉春堂，前揭《民法債編各論（中）》，pp. 55～58。

有瑕疵發現一年間不行使字樣可知），若非因工作瑕疵而生之契約解除權，則不受本條期間之限制。申言之，本條期間僅對於民法第 493 條所規定之契約解除權適用，至民法第 502 條第 2 項，第 503 條及第 506 條所規定之契約解除權，則不適用之。然則後三者無行使期間之限制嗎？其實仍有，第 502 條第 1 項及第 503 條之契約解除權，均於工作遲延後，定作人受領工作時，不為保留者，即不得行使（民法第 504 條參照），而第 506 條之契約解除權，解釋上以於工作進行中行使為原則❶❶⑨。

六、瑕疵擔保責任之減免

此可分為法定免除與約定減免，分述如下：

㈠法定免除

民法第 496 條規定：「工作之瑕疵，因定作人所供給材料之性質或依定作人之指示而生者，定作人無前三條所規定之權利。但承攬人明知其材料之性質或指示不適當，而不告知定作人者，不在此限。」

㈡約定減免

民法有關承攬人瑕疵擔保責任之規定，並非強行規定，當事人得就之另為特約，此項特約，不論其係加重責任之特約，抑或係減免責任之特約，均無不可。惟民法第 501 條之 1 規定：「以特約免除或限制承攬人關於工作之瑕疵擔保義務者，如承攬人故意不告知其瑕疵，其特約為無效❷❷⓪。」

最後，由於承攬的工作物本身性質為移轉交付時，必須確保所移轉的工作符合當初雙方的約定，達成契約成立的目的，因此，瑕疵擔保本質無異是由買賣契約所演進而成。但由於買賣契約發生機率遠比承攬契約來得高，再加上買賣與承攬兩契約中的雙方當事人地位本質上即具有相當的差異性；所以承攬的瑕疵擔保也必須做部分的修正，而無法完全類推適用買賣契約。這些都是我們在討論承攬契約瑕疵擔保制度時所必須注意的。

---

⑲ 參鄭玉波，前揭《民法債編各論（上）》，p. 374。
⑳ 參劉春堂，前揭《民法債編各論（中）》，p. 59。

第 三 章
債務不履行責任

　　承攬人除了先前所談到的相當特殊瑕疵擔保責任外，如同一般的債權債務關係一樣，也會發生債務不履行情形。由債法總則的觀念得知，債務不履行的類型包括「給付不能」、「給付遲延」及「不完全給付」三種，這三種的型態及法律效果都不太相同。所謂給付不能，係指依社會觀念，其給付已屬不可能履行的情況；如果債務人只是一時無資力，並非給付不能。給付遲延，則指債務人於應給付之期限，能給付而不為給付；倘給付可能，債務人縱在期限前，預先表示拒絕給付，亦須至期限屆滿，始負遲延責任❶。至於不完全給付，係指債務人提出之給付，不合債之本旨。而其在承攬契約之適用，茲分述如下：

壹、工作物之給付不能

　　承攬人依約定應付之給付內容，民法承攬章節中，並無承攬人給付不能之明文規定，因此應回歸到民法債編通則關於給付不能之相關規定。

貳、工作物之給付遲延

一、非特定期限之承攬

(一)遲延後工作完成

1.成立要件

---

❶　我國並沒有所謂的拒絕給付制度存在，因此必須等到給付時間到了才能依照情形判定適用給付不能或給付遲延；然而，在其他國家則未必如此，例如德國債法便承認拒絕給付。

依民法第 502 條第 1 項規定：「因可歸責於承攬人之事由，致工作逾約定期限始完成，或未定期限而逾相當時期始完成者，定作人得請求減少報酬或請求賠償因遲延而生之損害。」承攬的給付遲延，依本條規定可知，係指約定的工作不能於約定期限內完工，或雖無約定期限，已經過相當時期而仍未完工者而言。而此之約定期限，僅能認為是民法第 229 條第 1 項所謂給付有確定期限之情形而已，與第 502 條第 2 項的特定期限並不相同，且若未為約定者，定作人得請求承攬人立即開始進行工作，承攬人並應於相當時期內完成或交付之。至於所謂的相當時期，則應依具體個案情況，以交易習慣定之。而承攬人是否可歸責，應回歸民法債編通則認定之，除當事人別有規定外，若當事人未盡善良管理人的注意義務，即屬有可歸責之事由**❷**。

修法後的民法第 502 條第 1 項的適用情形，限於「工作完成」的情形，其修正理由認為，第 1 項是否僅適用於工作完成之情形，原條文文義不明，易滋疑義，為明確計，爰修正為僅適用於「工作完成」之情形。反面推知，若工作尚未完成，應無本條的適用。

2.法律效果

依民法第 502 條第 1 項之規定，若工作完成發生給付遲延情形時，定作人得以請求減少報酬或請求賠償因遲延所生之損害。在一般情形下，債務人給付遲延時，並不因而變更當事人之給付內容，當事人仍負有依約而為原給付之義務，而請求減少報酬乃變更原契約之內容，故此可謂是法律特別賦予定作人之權利**❸**。而賠償因遲延所生之損害，其立法意旨與民法第 231 條第 1 項規定「債務人遲延者，債權人得請求其賠償因遲延而生之損害」相同。故當承攬人完成工作但給付有遲延的情形時，減少報酬或請求遲延損害，定作人可以擇一行使，二者屬於選擇之債。

有問題的是定作人減少報酬請求權，依第 1 項的修正理由認為，乃是為了當定作人無法證明其損害時，可以請求減少報酬（因為若可以證明其

---

❷ 參孫森焱，《民法債編總論》，自版，94 年修訂版，p. 347。

❸ 參劉春堂，前揭《民法債編各論（中）》，p. 61。

損害時，可逕行請求賠償因遲延所生之損害），此一考慮，用意雖良好，但報酬減少，通常是以有瑕疵之工作與無瑕疵者具有差異價值為前提，而工作僅逾期完成，難謂工作價值有減損，故定作人如何計算以請求減少報酬，不無疑問[124]。若定作人無法證明其受有損害時，應依我國民事訴訟法第222條第2項規定：「當事人已證明受有損害而不能證明其數額或證明顯有重大困難者，法院應審酌一切情況，依所得心證定其數額。」由法院斟酌全辯論意旨，來認定損害賠償數額，而不是以減少報酬來解決之。且請求減少報酬之適當對應事由，應為工作有瑕疵，而非給付有遲延[125]。故本書認為報酬減少請求權是不妥的規定，應予刪除。

按一般債務人遲延時，債權人除了可以請求賠償因遲延所生的損害外（民法第231條），併可於催告後解除契約（民法第254條），而在承攬人遲延完成工作時，何以僅得減少報酬與賠償遲延所生之損害，此乃因承攬人此時多已耗費勞力、時間與費用，如允許定作人行使解除權，對承攬人將會非常不利，所以第502條第1項才規定僅得減少報酬與賠償遲延損害，不得解除契約[126]。

㈡遲延後工作仍未完成

若承攬人逾約定期限，或未定期限但逾相當時期，工作仍未完成者，此情形顯然非修正後民法第502條第1項的規範範圍，修正後的第502條

---

[124] 參楊芳賢，前揭《民法債法各論（上）》，p. 631；黃茂榮，前揭《債法各論》，pp. 452〜453。

[125] 在承攬人給付遲延，現行民法第502條第1項規定其遲延責任之內容為僅得請求減少報酬的意義等於是以約定報酬作為遲延損害之賠償的上限。該項在這次民法債編的修正中，已經續上「或請求賠償因遲延所生之損害。」這固然緩和該項規定之不妥，但是該項規定情形定作人不得經催告解除契約或請求不履行之損害賠償還是不能盡然滿足定作人之規範需要。參黃茂榮，前揭《債法各論》，pp. 452〜453。

[126] 參林誠二，前揭《民法債編各論（中）》，p. 87；邱聰智，前揭《新訂債法各論（中）》，p. 64。

第 1 項限於「工作完成」的給付遲延情形，若承攬發生給付遲延，且工作亦尚未完成，此時似乎應回歸民法債編通則給付遲延的相關規定。

1. 遲延損害

新修正的民法第 502 條第 1 項雖增列定作人可以請求遲延損害的規定，不過該條項僅適用於工作已完成的情形，則承攬人遲延後工作根本尚未完成的情形，定作人即無法依民法第 502 條第 1 項規定請求遲延之損害賠償，此時定作人應可依民法第 231 條第 1 項的規定，來請求遲延損害較為合理❷。

2. 解除契約

一般債務人遲延時，債權人可以民法第 254 條規定，經催告後解除契約。惟承攬契約因有民法第 502 條第 2 項規定：「前項情形，如以工作於特定期限完成或交付為契約之要素者，定作人得解除契約，並請求因不履行而生之損害。」且此之約定，默示亦無不可。因此就會產生一疑義，即非以工作於特定期限完成或交付為契約要素者，如承攬人遲延，定作人可否依民法第 254 條規定解除契約之疑義❷？

⑴否定說

第 502 條第 2 項，係為了保護承攬人之利益，而對定作人之解除權所設限制規定，故應排除民法第 254 條規定之適用，蓋承攬人於此多已耗費勞力、時間、材料與資金，倘若允許定作人依一般給付遲延之規定而行使解除權，承攬人將求償無門，對承攬人甚為不公平❷。

---

❷ 參林雅芬，〈民法債編有關承攬契約規定之修正〉，《萬國法律》，第 110 期，89 年 4 月，p. 8。

❷ 此一爭點，在民法第 502 條第 1 項修正前，包括了完成工作與未完成工作遲延時，可否依第 254 條解除契約，本書認為，修法後第 502 條第 1 項已明定工作完成遲延的法律效果只有減少價金與賠償遲延損害，則此一爭點現在應僅止於遲延且工作未完成的情形。

❷ 參鄭玉波，前揭《民法債編各論（上）》，p. 362；史尚寬，前揭《債法各論》，p. 307；邱聰智，前揭《新訂債法各論（中）》，p. 65；戴修瓚，前揭《民法債編各論》，p. 167。實務均採一見解，參 89 年臺上字第 2506 號判決、87 年臺

(2)肯定說

a. 黃茂榮 [130]

如認為民法第 502 條及第 503 條等相當於民法第 255 條之規定，屬於對於民法第 254 條有排斥作用之特別規定，等於認為只有在承攬人與定作人間，就承攬工作之完成有絕對確定期限的情形，定作人始得以承攬人陷於給付遲延為理由解除契約。若如此，於未約定有絕對確定期限時，倘承攬人一再遲延給付而屢次催告無效，定作人將因不能解除契約而束手無策。

b. 楊芳賢 [131]

我國學說所謂，若非工作於特定期限完成或交付係契約要素之情形，承攬人多已耗費勞力時間及費用，倘許定作人如一般契約之行使解除權，則對承攬人甚為不利。僅針對此一情形，始具有說服力，但是在此之外，若承攬人根本未開始進行工作，或開始工作之後任意中斷工作，或者在約定期限或相當期間之後，亦未進行勞務或勞動以完成工作之情形，如何解決，不無疑問。應認為民法第 502 條第 1 項本身無法促使承攬人在約定期限或相當時期內完成工作，更無法促使承攬人在逾期之後，努力完成工作，因此對於逾期後，承攬人仍未完成工作之情形，若最高法院堅持第 502 條排除第 254 條之見解，則定作人僅能坐待承攬人完成工作，無任何保護之道。

且第 502 條的立法意旨，在於保護定作人，使其於逾期後即得解除契約，若認為契約未以工作於特定期限完成或交付做為契約要素，定作人無從適用民法第 254 條規定，定相當期限催告承攬人履行，則承攬人無異得以有恃無恐，任意決定履行或不履行，定作人僅能坐待承攬人之履行，如此反而會危害定作人之保護。

即使認為第 502 條第 2 項亦具有保護承攬人之意旨，使其僅在工作於特定期限完成或交付做為契約要素，始需承擔定作人逾特定期限後即得解

上字第 1779 號判決、82 年臺上字第 2603 號判決、67 年臺上字第 3474 號判決。

[130]　參黃茂榮，前揭《債法各論》，pp. 458～459。

[131]　參楊芳賢，前揭《民法債法各論（上）》，pp. 629～631。

除契約之後果，但是如此情形，亦僅明示定作人在非以工作於特定期限完成或交付作為契約要素之情形，無從在於約定期限或相當期間後立即解除契約而已，並非表示在非以工作於特定期限完成或交付作為契約要素之情形，定作人逾約定期限或相當期間後，無從訂定相當期限催告承攬人履行，並於逾期無效果後，得以解除契約。否則定作人將毫無催促承攬人履行，並依其結果尋求保護之可能。

c. 劉春堂 [132]

解除契約，係雙務契約當事人之一方，於他方當事人有債務不履行的情事時，無從或難以期待該他方當事人履行債務，為使自己得以從契約關係中脫退而不受其拘束的一種自保手段。民法第 502 條第 2 項有關定作人解除權之規定，當係基於承攬人固已構成給付遲延，為其已耗費勞力、時間、材料及資金而完成工作，倘若允許定作人如一般契約之給付遲延而行使解除權，則對承攬人甚為不利，結果難免釀成不公平現象，故於工作已完成之情形，以工作於特定期限完成或交付為契約之要素者，定作人始得解除契約，非以工作於特定期限內完成或交付為契約之要素者，定作人則不得解除契約。民法第 502 條第 2 項之立法意旨，當非在全面限制定作人解除權的行使，而剝奪其得不受契約拘束之自保手段，否則勢將發生對於承攬人之給付遲延，定作人僅能坐待承攬人履行之手段，自己無法從契約關係脫退之不利結果。從而應解為工作未完成前，而承攬人有給付遲延之情事者，當不受民法第 502 條第 2 項之限制，即縱令承攬人工作非以工作於特定期限完成或交付為契約之要素者，定作人仍得依民法第 254 條規定，定相當期限催告承攬人履行，如承攬人未於該相當期限內履行，定作人得解除契約，惟若解除契約顯失公平，則定作人不得解除契約。

本書認為以肯定說為可採，蓋修法後第 502 條第 1 項之規定限於工作完成之情形始有適用，而第 502 條第 2 項亦規定：「『前項情形』，如以工作於定……」可知第 502 條第 2 項之規定亦限於工作完成之情形始有適用，如此解釋合乎修法意旨，且第 502 條第 2 項之規定只有在雙方是以特定期

---

[132] 參劉春堂，前揭《民法債編各論（中）》，pp. 63～64。

限為契約之要素時才有適用，故在非特定期限之情形，工作物若未完成且承攬人陷於給付遲延的情形下，應回歸債總給付遲延之規定，定作人若依民法第 254 條之規定，催告承攬人於相當期限完成工作，若不完成即可解除契約。否則承攬人遲遲不完成工作，而定作人卻要受契約限制，不敢與他人訂立新約來完成工作，對定作人而言實屬不利。

㊂承攬人未開始工作或工作進行後任意遲延或中斷

若承攬人根本未開始工作，或工作進行後任意遲延或中斷，由於尚未達工作完成的約定時間或相當期間，所以定作人不能主張給付遲延，進而依民法第 254 條之規定來解除契約；並且此種情形若是非特定期限，並無如特定期限可以依民法第 503 條來期前解約，則此時定作人該如何主張權利呢？

最高法院 41 臺上第 604 號判決認為：「上訴人對於其約定為被上訴人完成工程石子之搬運工作，既於工作進行後任意遲延，並經被上訴人定期催告依約履行，仍未於期限內依約履行，原審因認被上訴人因使第三人陳〇澤等繼續其工作所支出之費用，應由上訴人負責賠償，揆諸民法第 497 條第 2 項之規定，固難謂為不合。」依該判決之見解，承攬人於工作進行後任意遲延，經定作人定期催告依約履行，得適用民法第 497 條的規定。

不過有學者認為：第 497 條所謂的「其他違反契約之情事者」，須具有類似工作瑕疵之性質，例如不依原設計之圖樣施工是，若僅是承攬人遲延工作，雖亦屬違反契約情事之一，但並非民法第 497 條規範之範圍，而應適用民法第 503 條之規定 ⓭。不過民法第 503 條之規定，只有適用在有「顯可預見其不能於限期內完成而其遲延可為工作完成後解除契約之原因者」之情形，亦即只有約定工作須於特定期限在完成或交付的情況下，定作人才可以解約，所以若是沒有約定特定期限，應無民法第 503 條之適用。學者就此也提出民法第 503 條限制之不妥，認為有修正的必要，並認為在可歸責於承攬人之事由而顯有遇見遲延之情形，使定作人定相當期限催告承

⓭　參鄭玉波，前揭《民法債編各論（上）》，p. 372。

攬人開始或繼續履行，若承攬人仍無意願履行完成工作之義務，定作人即可解除契約或終止契約，如此使當維護承攬人之權利，亦限制定作人期前解約之行使❿。

本書亦認同這種承攬人未開始工作或工作進行後任意遲延或中斷的情形應該賦予定作人解除契約之權利，但從現行的民法第 497 條及第 503 條規定，似乎無法導出定作人有解除契約之權利。此時應該回歸民法債總規定解決之，承攬人此種未開始工作或工作進行後任意遲延或中斷的情形，應該屬於「預示拒絕給付」❿，在民法第 227 條修正前，預示拒絕給付是否屬於債務不履行的類型之一或有爭論，但在民法第 227 條修正後，預示拒絕給付的情形，卻成為了法律的漏洞❿。但在現行法下發生了預示拒絕給付的情況，讓債權人坐以待斃，等待債務人陷於給付遲延，再來解除契約，對社會經濟的發展絕對是有害的，與社會公平正義理念亦不符合。此種情況債務人並未給付所以與不完全給付不同，而給付期限未屆至與給付遲延亦不同，故在民法修訂增訂預示拒絕給付為債務不履行的類型之一前，現行法似乎只能類推民法第 226 條給付不能之規定，認為債務人之預示拒絕給付已經摧毀了債權人對契約存續的信任，債權人等待債務人之給付已經不具有期待可能，進而類推民法第 256 條之規定來解除契約❿。

二、特定期限之承攬

(一)遲延後工作完成

1.成立要件

民法第 502 條第 2 項規定:「前項情形，如以工作於特定期限完成或交

---

❿　參楊芳賢，前揭《民法債編各論（上）》，pp. 636～638。

❿　參邱聰智，《新訂民法債編通則（下）》，pp. 617～619。

❿　參林誠二，《民法債編總論（下）》，p. 146。

❿　參姚志明，《債務不履行之研究(一)》，元照出版股份有限公司，91 年初版，pp. 276～289。

付為契約之要素者，定作人得解除契約，並得請求賠償因不履行而生之損害。」依本條項規定「前項情形」，可知本條之適用亦是在工作有完成的情形。而所謂的以工作於特定期限完成或交付為契約之要素者，係指依契約之性質或當事人之意思表示，非於一定期限內為給付，不能達契約之目的而言❸。此項規定與民法第 255 條旨趣大致相同，遲延後之給付於定作人無利益者（民法第 232 條），解釋上亦包括在內❸。故定作人得解除契約者，限於客觀性質上為期限利益行為，且經當事人約定承攬人需於特定期限完成或交付者，始有適用❹。

2.法律效果

承攬人逾特定期限始完成工作，依民法第 502 條第 2 項之規定，其法律效果除了解除契約外，並得請求損害賠償。定作人為解除契約時，不須經過催告程序，蓋因錯在承攬人，不應使定作人受有損害❹。又即使承攬人於特定期限內完成工作，但未如期交付者，定作人仍得解除契約，例如，

---

❸ 參 87 年臺上字第 893 號判決：「民法第五百零二條第二項規定，因可歸責於承攬人之事由，致工作不能於約定期限完成，如有以工作於特定期限完成或交付為契約之要素者，定作人得解除契約。所謂以工作於特定期限完成或交付為契約之要素，係指依契約之性質或當事人之意思表示，非於一定期限為給付，不能達契約之目的者而言。」

❸ 參 82 年臺上字第 302 號判決：「因可歸責於承攬人之事由，致工作未能於約定期限完成者，如有以工作於特定期限完成或交付，為契約之要素者，定作人得解除契約，民法第五百零二條定有明文。此之所謂以工作於特定期限完成或交付為要素，與同法第二百五十五條規定之趣旨大致相同，遲延後之給付，於定作人已無利益者，自應包括在內。」並可參照最高法院 77 年臺上字第 1470 號判決。

❹ 參 89 年臺上字第 2506 號判決：「一般情形，期限本非契約要素，故定作人得解除契約者，限於客觀性質上為期限利益行為，且經當事人約定承攬人須於特定期限完成或交付者，始有適用。」

❹ 民法第 502 條第 2 項的立法理由：「其工作係以特定期限完成，或交付為契約之要素者，承攬人不於期限內完成或交付，定作人即得解除契約，蓋以咎在承攬人，不應使定作人受損害也。」

定作結婚禮服，言明某日某時交付，如製作人逾結婚典禮後，始行送到，定作人得解除契約是。惟交付縱已逾約定期限，但其給付於定作人有利益者，解釋上定作人仍不得解除契約，例如，結婚禮服送到雖已逾時，但趕得上結婚典禮穿用者是⓲（民法第 232 條的反面解釋亦是如此），蓋本條係限制定作人之解除權，應採較嚴格的論點。學者並認為，此種情形與民法第 255 條規定相類似，但仍有不同，在第 255 條以非於一定時期為給付不能達其契約目的為其要件，而此則只需以特定期限完成或交付為契約要素而有遲延即可，至其遲延結果是否即不能達契約之目的，則非所問。故此之規定，應為第 255 條之特別規定，當優先適用⓳。

至於本條項是否排除民法第 232 條之規定，而不得請求損害賠償？在修法前有不同見解，肯定說認為定作人僅得請求減少報酬，而不能拒絕給付並請求不履行之損害賠償⓴。否定說則認為，遲延後之給付於定作人無利益者，定作人與一般債權人同，亦得拒絕承攬人給付，而請求賠償因不履行所因之損害㉑。民法債編修正認為：「第一項既經修正，為免使人誤解定作人於第二項的情形，僅得解除契約而不得請求損害賠償，爰予明定『並得請求賠償因不履行而因之損害』。」又定作人於行使解除權後，所得主張的損害，是否與民法第 260 條同，僅止於債務不履行的損害，學者多數說認為，此項立法與民法第 232 條規定「遲延後之給付，於債權人無利益者，債權人得拒絕其給付，並得請求不履行而生之損害」的立法意旨相同，故只限於替代賠償而已㉒；不過有學者認為，尚包括契約解除後的新生損害，例如解約後另外承包的工程費金額比以前更龐大，因此所受的損害亦包括在內㉓。

⓲ 參邱聰智，前揭《新訂債法各論（中）》，p. 64。

⓳ 參鄭玉波，前揭《民法債編各論（上）》，p. 363。

⓴ 參戴修瓚，前揭《民法債編各論》，p. 167。

㉑ 參史尚寬，前揭《債法各論》，p. 307；鄭玉波，前揭《民法債編各論（上）》，p. 362；邱聰智，前揭《新訂債法各論（中）》，p. 66。

㉒ 參邱聰智，前揭《新訂債法各論（中）》，p. 64；楊芳賢，前揭《民法債法各論（上）》，p. 632；劉春堂，前揭《民法債編各論（中）》，p. 65。

(二)遲延後工作仍未完成

以工作於特定期限完成或交付為契約之要素之承攬契約，若承攬人遲延後工作仍未完成，依修正後第 502 條第 2 項之規定，限於「工作完成」之情形才有適用餘地，故定作人於工作未完成且承攬契約是以工作於特定期限完成為契約之要素者，無從適用第 502 條第 2 項來解除契約。此時應回歸民法債編通則第 255 條之規定「依契約之性質或當事人之意思表示，非於一定時期為給付不能達其契約之目的，而契約當事人之一方不按照時期給付者，他方當事人得不為前條之催告，解除其契約。」並依民法第 260 條請求解約後的損害賠償❶。

(三)承攬人未開始工作或工作進行後任意遲延或中斷

依民法第 503 條之規定：「因可歸責於承攬人之事由，遲延工作，顯可預見其不能於限期內完成而其遲延可為工作完成後解除契約之原因者，定作人得依前條第二項之規定解除契約，並請求損害賠償。」本條規定乃賦予定作人有期前解除契約之權利，而不用待承攬人陷於給付遲延再來主張權利，以免緩不濟急。而所謂的「顯可預見其不能於限期內完成而其遲延可為工作完成後解除契約之原因者」，我國學說認為，係指第 502 條第 2 項所定工作於特定期限完成或交付係契約要素之情形而言，蓋工作完成後不得因遲延而解除契約時，則在完成前自亦不得因預防遲延而解除契約，如此始屬均衡❶，此一見解並為修法所採❶。

至於本條所謂的並請求損害賠償所指為何，有謂本條既是規定「依前

---

❶ 參孫森焱，於民法研究會第十八次研討會（承攬人工作之遲延）的發言，載於《民法研究》，學林出版，p. 96。

❶ 參高明發，前揭〈承攬之理論與實務〉，p. 101。

❶ 參史尚寬，前揭《債法各論》，p. 307；鄭玉波，前揭《民法債編各論（上）》，p. 363。

❶ 第 503 條的修法理由：「本條規定於有前條第二項之情形時，始得適用。為配合前條第二項之修正，爰予修正。」

條第二項規定解除契約」，則其損害賠償的範圍，自應與第 502 條第 2 項之規定相同，皆為賠償因不履行而生之損害[151]。不過有認為，第 502 條第 2 項是規定「並得請求賠償因不履行而生之損害」，與第 503 條僅規定「並請求損害賠償」並不相同，故第 503 條所謂的賠償，應是指契約提前消滅所生損害之賠償而言，例如就中斷之工作，另與第三人訂約繼續完成工作而多支出之工程費用[152]。本書認為應以後說為可採。

比較事項 遲延態樣	非特定期限	特定期限
遲延後工作完成	民法第 502 條第 1 項減少報酬獲損害賠償	民法第 502 條第 2 項解除契約及請求損害賠償
遲延後工作未完成	民法第 231 條第 1 項給付遲延、民法第 254 條解除契約	民法第 231 條第 1 項給付遲延、民法第 255 條解除契約
未開始工作或工作進行後任意遲延或中斷	類推民法第 226 條給付不能、類推民法第 256 條解除契約	民法第 503 條解除契約並請求損害賠償

三、遲延責任之免除

　　承攬人工作遲延後，依第 502 條及第 503 條之規定應負遲延責任時，定作人在符合一定要件下即得期前解約，亦得因逾期完成而請求減少報酬，其以特定期限完成或交付為契約之要素者，並得解除契約。不過依民法第 504 條之規定：「工作遲延後，定作人受領工作時不為保留者，承攬人對於遲延之結果，不負責任。」依此規定，定作人欲使承攬人負遲延責任，必須於受領工作時有所保留才可以，而保留的方式不一，只要有保留的表示即可[153]，如不為保留則視為定作人拋棄其權利。但須注意的是，此項規定，

[151]　參高明發，前揭〈承攬之理論與實務〉，p. 108。
[152]　參劉春堂，前揭《民法債編各論（中）》，p. 65；楊芳賢，前揭《民法債法各論（上）》，p. 635。
[153]　參 90 年臺上字第 1009 號判決：「承攬人完成工作遲延，定作人除依修正前民法第五百零二條第一項規定，得請求減少報酬外，並得依民法第二百三十一條第一項規定，請求賠償因遲延而生之損害。而定作人受領工作時，如不為保留，

須以工作需由定作人受領者，始有適用，如工作不需交付者，即無本條之適用❿。另外，若雙方當事人有約定違約金債權，於約定之原因事實發生時，即獨立存在，定作人於遲延後受領工作時，縱未保留而推定為同意遲延之效果，仍不影響已獨立存在的違約金債權❿。

但有學者提出批評，認為本條立法不當，因為第一，定作人對於承攬人工作之遲延，於受領工作時，固應主張或保留其權利，但是定作人受領工作時，未為保留，即認為承攬人對於遲延之結果，「自應不負責任」，未免過度保護承攬人。第二，本條立法理由雖謂「保護承攬人之利益」，然而承攬人究竟有何正當利益應受保護，而且為何其受保護的方式，係全然不負責任，頗難理解。或謂承攬人在此已信賴定作人將不主張因遲延所生之權利，但是僅因定作人在受領工作時，一度未保留，則認為承攬人已有所信賴，且此一信賴足以依法不用負責，過度保護承攬人。尤其在定作人不知法律以及本條規定，或者不具有交易經驗，以致未能在受領時，保留其權利，亦使承攬人不負責任，無異使承攬人不勞而獲，頗難認為有正當性。基於本條在立法上有此疑義，故我國實務應嚴格限制本條之適用範圍❿。

參、工作物給付不完全

承攬人完成工作，乃其對定作人所為之給付，若因可歸責於承攬人之事由，致所完成之工作發生瑕疵者，自屬不完全給付。關於承攬人之不完全給付責任，我國民法係將之與瑕疵擔保責任一起規定，形式上有如瑕疵擔保責任之延伸，文獻上亦常將兩者一起加以說明，惟兩者仍有所不同，應加以區隔。一般言之，不完全給付係債務不履行之一種類型，以承攬人

承攬人對於遲延之結果，不負責任，民法第五百零四條固定有明文。惟被上訴人對上訴人遲延完工，既已通知上訴人此將增加空運費，客戶不負擔等語，自應認已表明保留權利，而無上開規定之適用。」

❿　參高明發，前揭〈承攬之理論與實務〉，p. 113。

❿　參 42 年臺上字第 497 號判例。

❿　參楊芳賢，前揭《民法債法各論（上）》，pp. 641～642。

有可歸責事由為其成立要件；瑕疵擔保責任，係一種法定責任，不以承攬人有可歸責事由為其成立要件，屬於無過失責任。民法第 495 條第 1 項規定：「因可歸責於承攬人之事由，致工作發生瑕疵者，定作人除依前二條之規定，請求修補或解除契約，或請求減少報酬外，並得請求損害賠償。」由此可知，債務人負不完全給付之債務不履行責任時，定作人除有修補請求權（包含自行修補請求權及修補費用償還請求權）、契約解除權及減少報酬請求權外，尚有損害賠償請求權；承攬人負瑕疵擔保責任時，定作人固有修補請求權、契約解除權及減少報酬請求權，但無損害賠償請求權❶❺❼。就有關問題，茲分述如下：

一、損害賠償請求權之範圍

不完全給付，通說認為其包括「瑕疵給付」及「加害給付」。前者係指承攬人所完成之工作有瑕疵，以致該工作本身之價值與效用滅失或減少，定作人所因而遭致之損害（工作瑕疵之損害或瑕疵損害）；後者係指承攬人所完成之工作，不但有瑕疵，以致該工作本身之價值或效用滅失或減少外，且因其瑕疵而致定作人之人身或財產等固有法益，遭受履行以外之其他損害（工作瑕疵損害以外之其他損害或瑕疵結果損害）；定作人依民法第 495 條第 1 項規定，所得請求之損害賠償，如其瑕疵經補正者，係遲延賠償；如其瑕疵未經補正，係替代履行之賠償（參閱民法第 227 條第 1 項）；如其因而衍生加害給付者，係其他損害（固有利益損害或瑕疵結果損害）之賠償（參民法第 227 條第 2 項）。

其次，關於不完全給付，我國民法債編通則第 227 條設有規定，而民法第 495 條第 1 項規定之損害賠償，係有關承攬人不完全給付之損害賠償。故我國有學者認為民法第 495 條第 1 項規定之損害賠償請求權，係債編通則不完全給付規定之特別規定，而排除後者之適用❶❺❽。惟因民法第 495 條第 1 項係原有之規定（原第 495 條），而現行民法第 227 條有關不完全給付

❶❺❼ 參劉春堂，前揭《民法債編各論（中）》，pp. 66～67。

❶❺❽ 參楊芳賢，前揭《民法債法各論（上）》，p. 621。

之規定，係民國 89 年 5 月 5 日施行之修正債編，修正原民法第 227 條之規定，將學說與判例承認之不完全給付，在民法上予以明文化。故民法第 495 條第 1 項（原第 495 條）有關承攬人不完全給付責任之規定，於現行民法第 227 條施行前，自有其特殊意義，於現行民法第 227 條施行後，其在現行民法之規範功能，應解為係注意規定，並非在排除民法第 227 條規定之適用❶❺❾。

且相較於一般所稱之不完全給付，承攬之不完全給付，尚有如下特色：

㈠承攬之不完全給付，除修補請求權（相等於債之通則所稱之補正請求權）外，尚有減少報酬請求權；而且，行使減少報酬請求權者，理論上即不得再行使修補請求權。

㈡承攬之不完全給付，就契約解除權與修補請求權等，併於一處規定；非若一般之不完全給付，就契約解除需訴諸解釋途徑構成相關理論。

此外，民法第 495 條依前兩條規定限制解除契約情形之論點，則承攬之不完全給付，於工作物之瑕疵非為重要者，定作人不得解除契約；其工作為土地上工作物者，須限於重大之瑕疵，且因而不能達使用之目的者，定作人始得加以解除契約❶❻⓿。

二、與其他請求權間之關係

對於第 495 條第 1 項所規定的損害賠償請求權，與前二條規定之修補請求權、自行修補權、契約解除權，或請求減少報酬之關係，我國實務見解認為，本條項之損害賠償請求權一方面得以取代前二條規定之修補請求權、契約解除權或請求減少報酬，另一方面亦得與修補請求權、契約解除權或請求減少報酬併行請求❶❻❶。我國學說亦有採取併存之見解❶❻❷。

---

❶❺❾　參劉春堂，前揭《民法債編各論（中）》，pp. 67～68。

❶❻⓿　參邱聰智，前揭《新訂債法各論（中）》，p. 86。

❶❻❶　參 76 年臺上字第 1954 號判決：「因可歸責於承攬人之事由，致工作發生瑕疵者，定作人除依民法第四百九十三條或第四百九十四條之規定，請求修補，或解除契約，或請求減少報酬外，並得請求損害賠償，民法第四百九十五條定有

(一)修補與賠償

首先，因可歸責於承攬人之事由，致工作發生瑕疵者，定作人就工作之瑕疵，得依第 495 條第 1 項規定請求損害賠償，然而就工作之瑕疵，定作人原則上仍須依第 493 條第 1 項規定，定相當期限請求承攬人進行修補，否則定作人無從主張自行修補、解除契約、請求減少報酬或者請求損害賠償。因為就工作之瑕疵而言，瑕疵修補對承攬人而言不僅是義務同時也是權利，它可以藉由修正瑕疵達成履約效果以獲取報酬。因此，依照第 493 條第 1 項規定，承攬人本來有修補瑕疵而獲取報酬之權利，即使承攬人就工作瑕疵有可歸責事由，也不應該予以剝奪。

其次，承攬人就工作之瑕疵，原則上均係有可歸責事由，若因此而認為承攬人不再有第二次履行之機會，並應負損害賠償責任，無異對於承攬人過苛。再者，就工作之瑕疵，承攬人修補瑕疵或負損害賠償責任，即使方法不同，但均係以除去工作瑕疵為內容，因此就工作之瑕疵，瑕疵修補並無受損害賠償請求權排斥之必要。最後，若定作人事先曾定相當期限請求承攬人修補瑕疵，即使工作之瑕疵不能修補，或者承攬人依第 493 條第 3 項規定拒絕修補，定作人亦得免其舉證責任，並無不利❶❸。

　　明文。準此規定，祇須因可歸責於承攬人之事由，致工作發生瑕疵，定作人除得依民法第四百九十三條或第四百九十四條規定，請求修補或解除契約或請求減少報酬外，並得捨此逕行請求損害賠償，或與修補、解約、減酬併行請求，為此損害賠償之請求時，原無須踐行民法第四百九十三條第一項所定請求修補之程序，此觀該條項所定工作有瑕疵不以承攬人有過失為要件，而民法第四百九十五條限於因可歸責於承攬人之事由致工作發生瑕疵者，始有其適用之法意自明，且依民法第四百九十五條所定『並得請求損害賠償』之文義觀之，亦應為相同之解釋。」

❶❻❷ 參史尚寬，前揭《債法各論》，p. 321；鄭玉波，前揭《民法債編各論（上）》，p. 369；黃茂榮，前揭《債法各論》，p. 467。

❶❻❸ 不同見解，參 76 年臺上字第 1954 號判決。本判決認為，定作人請求損害賠償時，無須踐行第 493 條第 1 項所定之程序。但此宜限於工作瑕疵以外之損害。

此外，因工作瑕疵所生之結果損害❶，定作人無須定相當期限請求承攬人修補，主要係瑕疵已造成損害，而且此一損害並非承攬人依瑕疵修補所應或所能除去者，例如因為工作瑕疵，定作人於承攬人修補瑕疵期間，不能營業而無法另接生意所損失的利益，或者因為工作之瑕疵，由定作人另行委託第三人鑑定分析工作瑕疵所生之費用，又例如承攬人設計製造之冷凍庫有瑕疵，致定作人存放其中之肉類腐壞等等。但是定作人請求此一損害賠償，必須承攬人具有第 495 條第 1 項規定之要件，因為承攬人依第 492 條及第 493 條第 1 項規定，僅就工作之瑕疵負責，對於因工作瑕疵所生之其他損害，承攬人只有在符合第 495 條第 1 項之要件時，才需要負損害賠償責任。

㈡解約與賠償

定作人因工作有瑕疵而解除契約時，亦得併行請求損害賠償，我國法院實務見解，認為係請求賠償因解除契約所生之損害❷，惟因民法第 495 條第 1 項僅規定「並得請求損害賠償」，並未如民法第 507 條第 2 項規定「並得請求賠償因契約解除而生之損害」，且此處所涉及者係債務不履行之問題，自應解為係指原債務不履行之損害賠償，即就因承攬人不完全給付所生之損害，請求損害賠償，並非就解除契約所發生之損害，請求損害賠償❸。故定作人解除契約時，於瑕疵給付之情形，可就工作瑕疵之損害，請求損害賠償；若同時發生加害給付者，尚可就工作瑕疵損害以外之其他損害，

---

❶ 相關問題之討論，參楊芳賢，前揭《民法債法各論（上）》，第八章第六節第五款。

❷ 參 41 年臺上字第 104 號判例：「上訴人與被上訴人訂約承攬之橡皮水管，其工作之完成，既有與原約品質不符及不適於使用之各重要瑕疵，而又拒絕被上訴人之催告修補，依民法第四百九十四條之規定，被上訴人本有法律所認之契約解除權存在，自得向上訴人為解除契約之意思表示，從而其以此項契約已經合法解除為原因，請求返還已交付之酬金與附加利息，並賠償因解除契約所生之損害，自為同法第四百九十五條、第二百五十九條第一款、第二款之所許。」

❸ 參鄭玉波，前揭《民法債編各論（上）》，p. 369。

請求損害賠償。又定作人之損害賠償請求權，係與契約解除權併立，故其成立及行使，自不以契約解除為要件 ❿。

然而，關於定作人解除權之行使，於民法第 494 條但書設有禁止規定，於承攬之不完全給付，禁止定作人行使契約解除權，於定作人不盡公平，於社會公益亦有妨礙，其制度或思考模式本身，亦乏堅強之理論依據；即使民法債編修正 ❿，採取限度開放，仍不能免於類此缺憾。誠然，民法本條立法當時，不完全給付制度尚未成熟，其規定本身或有突破意義，採取禁止或限制之思考模式，或有其時代背景。然而，時至今日，不完全給付理論已趨成熟，如因社會經濟考量，認為定作人解除契約之行使有某種程度限制之必要，則由法院藉誠實信用原則予以統整即可，殊不必從立法上予以正面限制或禁止，吾人所以認為本條第 2 項增訂，尚有不盡允當，豈是多慮 ❿。

(三)減酬與賠償

定作人因工作有瑕疵而請求減少報酬時，如另有損害並得請求賠償。由於定作人行使減少報酬請求權，旨在彌補或抵償工作本身因瑕疵而減少之交易價值，故在減少報酬之範圍內，自無損害賠償可言。惟除此之外，無論其為工作瑕疵之損害抑或工作瑕疵損害以外之其他損害，例如遲延之損害或固有利益之損害是，尚不妨一併請求賠償。

(四)直接請求賠償

若定作人依民法第 495 條第 1 項規定，不行使修補請求權、契約解除權或減少報酬請求權，而直接行使損害賠償請求權，原則上應無不可。惟於瑕疵可以修補之情形，定作人就工作瑕疵之損害，請求損害賠償時，則

---

❿　參 70 年臺上字第 2699 號判例：「定作人依民法第四百九十五條規定請求損害賠償，並不以承攬契約經解除為要件。」

❿　現民法第 495 條第 2 項。

❿　參邱聰智，前揭《新訂債法各論（中）》，pp. 86～87。

應先定相當期限催告承攬人修補，已如前述❿。

三、舉證責任

關於損害賠償之請求，以工作瑕疵之發生可歸責於承攬人之事由為要件，則定作人行使此項損害賠償請求權時，似應就此一要件負舉證責任，但此種損害賠償既係債務不履行之性質，與一般侵權行為之損害賠償有所不同，故當工作物有瑕疵時，通常推定承攬人對工作瑕疵具有可歸責事由，故承攬人如主張免責時，應就不可歸責於自己之事實，負舉證責任；至於工作之瑕疵及損害之發生，應由定作人負舉證責任，自不待言⓱。在此，參照第 230 條以及第 225 條第 1 項規定，亦宜由承攬人就其對工作瑕疵無可歸責事由負舉證責任⓲。

四、不完全給付責任之存續期間

因為民法係將不完全給付責任之存續期間，與瑕疵擔保責任之存續期間規定於同法條內，其有關說明與問題，已於瑕疵擔保責任中提及，茲不贅述。

---

❿　參劉春堂，前揭《民法債編各論（中）》，p. 72。

⓱　參鄭玉波，前揭《民法債編各論（上）》，p. 370。

⓲　參 87 年臺上字第 1289 號判決、87 年臺上字第 1480 號判決，以及 89 年臺上字第 2097 號判決。

第四章

本編習題

案例⑰

　　小馬是位相當有成就的企業家，在臺中鄉下自有的土地上有一棟豪華大別墅，但該棟別墅卻在九二一大地震後倒塌了，於是小馬就找來了帝寶建設股份有限公司（下稱帝寶公司）在原址重建一棟別墅，以作為將來退休後養老之用。

(1)若該別墅興建完成後一個月，小馬帶著全家人前往該棟別墅渡假，不料當天下了一場大雨，小馬發現該棟別墅居然嚴重漏水，小馬該如何主張其權利？若帝寶股份有限公司在小馬該別墅有瑕疵後置之不理，小馬又該怎麼辦？

(2)若因漏水的原因，以致於小馬該棟別墅中的高級家電用品全毀，小馬可主張何權利？

(3)在興建完成後，小馬發現該別墅的鋼筋受到輻射污染，以致於根本不能住人，小馬又該怎麼辦？

解析

　　(1)小馬與帝寶公司所訂立的是承攬契約。依民法第 492 條：「承攬人完成工作，應使其具備約定品質，及無減少或滅失價值，或不適於通常或約

---
⑰　改編自 75 年臺上字第 397 號判決。

定使用之品質。」而該別墅有漏水，故顯然已有瑕疵，此時小馬應依民法第493條第1項之規定，定相當期限，通知帝寶公司於該期限內修補漏水瑕疵，若帝寶公司在未相當期限內完成修補，小馬尚可依民法第495條第1項主張遲延責任的損害賠償。若帝寶公司對小馬的請求置之不理時，小馬依民法第493條第2項之規定來自行修補該瑕疵，再向承攬人請求償還修補之必要費用；或依民法第494條之規定來減少報酬。

　　⑵小馬高級家電全毀所受之損失乃其固有利益所受損失，小馬就此損失固然可以依民法第184條第1項前段侵權行為之規定來主張權利，不過小馬必須證明帝寶公司是出於故意或過失的。反之若小馬依民法第495條第1項來主張損害賠償，就可歸責性而言，我國實務見解通常推定存在，對小馬而言較為有利，且依通說之見解，該條損害賠償除了瑕疵給付外，尚可包括加害給付部分，故小馬就該高級家電損失，可依該條規定主張其權利。

　　⑶由於該別墅輻射量太高已經不能居住，若此瑕疵發生之原因是可歸責於帝寶公司，依民法第495條第2項之規定，小馬可以主張解除契約；反之，若帝寶公司對該瑕疵並不具有可歸責性，依照最高法院83年臺上字第3265號判例見解，雖然瑕疵程度要達到建築物有倒塌的危險才可以民法第494條來解除契約，不過此種解釋似乎過於狹隘，該別墅雖未倒塌，但其輻射量過高，與倒塌的結果一樣是不能居住，所以應認為一樣有民法第494條的適用可以主張解除契約，始屬公平。

Hire

of Work

第參編

定作人之義務

按稱承攬者，謂當事人約定，一方為他方完成一定之工作，他方俟工作完成，給付報酬之契約。約定由承攬人供給材料者，其材料之價額，推定為報酬之一部。報酬應於工作交付時給付之，無須交付者，應於工作完成時給付之，為民法第 490 條及第 505 條分別定有明文。因此，承攬人完成一定之工作，是以定作人會給付約定的報酬為對價。至於報酬的種類，因法律並無明文規定，所以不論以金錢或者是物品的給付、使用或勞務的供給，原則上均無不可，這部分我們先前已經有討論過了❶。但如果是以金錢以外的給付作為承攬的報酬，學者有認為應該只能算是混合契約❷。故就「完成工作」及「給付報酬」而言，均為承攬契約不可或缺的必要之點，而且為決定承攬契約類型的重要特徵，雙方當事人就此種對價關係，無論明示或默示，需互相意思表示一致，承攬契約才可以成立，如果承攬契約的雙方當事人僅對於完成一定的工作有所約定，但是卻沒有明示或默示約定工作的報酬，依民法第 491 條規定，如依情形，非受報酬，即不為完成工作者，視為允與報酬，這時候還是可以成立承攬契約。至於報酬的給付時期，依照民法第 505 條第 2 項❸規定，應於工作交付時給付之，無需交付者，應於工作完成時給付之。又民法第 505 條第 2 項規定：工作係分部交付，而報酬係就各部分定之者，應於每部分交付時，給付該部分之報酬。可見，除了當事人間另有特約外，定作人原則上只有在承攬人完成約定之工作時，才會負有給付報酬之義務❹。

工作無瑕疵且及時完成，通常繫於定作人之協力行為，例如定作人應交付施工之地點、提供施工必要之條件（取得建造執照）、親臨承攬人畫室、或至西服店量身、提供加工所須之材料，或者挑選油漆之顏色等。若定作人不為必要之協力行為，可能造成承攬人時間之浪費、成本或費用之提高、

---

❶　併參本書第壹編第二章。

❷　參楊芳賢，前揭《民法債法各論（上）》，p. 576。

❸　參民法第 505 條第 2 項：「工作係分部交付，而報酬係就各部分定之者，應於每部分交付時，給付該部分之報酬。」

❹　參 84 年臺上字第 2227 號判決。

工作之遲延或者甚至不能完成。另外，定作人有瑕疵之協力行為，例如定作人提供之材料有瑕疵，或者指示不適當，也有可能使承攬人完成之工作有瑕疵，後者，主要適用第 496 條及第 509 條規定。換句話說，承攬契約雖然是由承攬人替定作人完成一定工作的契約，然而，在某些情況必須有賴定作人的協助才能使工作順利完成，這時承攬人便有要求定作人履行其協力義務的權利。再者，當工作完成後，如果工作物特性是必須交付者，定作人有受領工作物的義務，這部分實際上相當於買賣契約所衍生的受領義務。最後，如果定作人違反上述義務，不僅不可把契約無法履行的責任歸罪到承攬人，反而可能必須賠償承攬人因為定作人違反義務所受之損失。簡言之，承攬人請求協力義務之相關權利應該包含三種，即單純請求履行協力義務、請求受領工作物義務以及違反後所衍生損害賠償請求權。

最後，欲討論受領與報酬的關係，須先回到討論本問題的原始目的，也就是危險與受領的關聯；所以有必要先回到「受領」與「危險」兩詞的本質意義詳加探討。

在定作人之義務方面，定作人之義務有給付報酬義務以及相關協力義務，因此需於本章節加以介紹，而由於受領工作物將涉及到工作物危險問題，而危險由何人負擔將關係到定作人是否仍須支付承攬人報酬，所以亦於本章加以討論，以及基於承攬人請求而忍受承攬人為法定抵押權登記的義務，茲分述於以下四節加以討論。

第 一 章

報酬給付義務

定作人對於承攬人負有給付報酬之義務（報酬債務），承攬人對於定作人有報酬債權，惟依民法第 490 條第 1 項規定，承攬人需「完成工作」，才有報酬，且關於報酬之給付，原則上係採後付主義（民法第 505 條），因而關於承攬人之報酬債權（定作人之報酬債務）是否於承攬契約成立之同時

發生？應認為報酬債權應係於工作完成之同時發生。由於報酬債權與報酬債務，係承攬契約上之債權與債務，而報酬債權或報酬債務之成立，與報酬債權之行使或報酬債務之履行，係不同層次之問題，且當事人尚可約定於開始工作前或工作完成前，由定作人先行給付報酬，故應解為報酬債權係於承攬契約成立之時同時發生，並非於工作完成時始告發生。因之在工作完成前，該債權即得為讓與，而第三人（承攬人之債權人）亦得就之請求扣押或命令移轉❺。而以下並就報酬之支付分點加以論述：

一、報酬支付的方式

通常而言，定作人與承攬人均立於對等的市場地位，兩者經濟實力相當，故對於定作人之保護程度的需求相對較一般勞工為低。所以，只要基於契約自由原則，當事人間報酬支付的方式無需以金錢為限，凡是具備財產價值的「財產」均無不可，如：現金、實物、動產、不動產，甚至債權或單純提供物之使用❻均得屬之，僅不過基於貨幣經濟的理由，使得金錢成為最常見的支付報酬工具。

但是，特別必須予以聲明的是，藉由金錢以外之其他財產權作為承攬交易的報酬時，契約的性質可能會轉變為其他種類的混合契約❼（例如房地合建契約法律性質可能會是承攬與互易，詳細內容請參第伍編）；惟亦有學者採較嚴格的現金報酬主義，認為凡是利用金錢以外的方式支付報酬者，均屬混合契約之範疇❽。

二、報酬支付的時點

民法第 505 條第 1 項規定：「報酬應於工作交付時給付之，無須交付者，

---

❺　參史尚寬，前揭《債法各論》，p. 328；鄭玉波，前揭《民法債編各論（上）》，p. 382。

❻　參史尚寬，前揭《債法各論》，p. 303。

❼　參黃茂榮，前揭《債法各論》，p. 400。

❽　參楊芳賢，前揭《民法債法各論（上）》，p. 576。

應於工作完成時給付之。」故關於報酬給付之時點，尚因工作之需否交付而有所不同，茲分述如下：

㈠工作須交付

工作需交付者，尚分兩種情形：

1.一次全部交付者

工作需一次全部交付者，其報酬應於工作交付時給付之(民法第 505 條第 1 項前段)。此種情形，工作之完成與報酬之給付，雖非處於同時履行之關係，即承攬人就工作之完成與報酬之給付，並無同時履行抗辯權，然就工作之交付與報酬之給付，則應解為係處於同時履行關係，亦即承攬人就工作之交付與報酬之給付，可以主張同時履行抗辯權，得以定作人尚未給付報酬而拒絕交付工作❾。惟我國法院實務採否定見解，認為承攬人不得於定作人未為給付報酬前，遽行拒絕交付完成物❿。然因工作之交付與報酬之給付，互相關連，有交換履行之必要，否則無法保護當事人利益，故否定見解是否妥適，尚有商榷餘地。

2.分部交付

民法第 505 條第 2 項規定：「工作係分部交付，而報酬係就各部分定之者，應於每部分交付時，給付該部分之報酬。」此種情形，各該部分工作之交付與各該部分報酬之給付，應解為係處於同時履行關係，亦即承攬人得以定作人尚未給付各該部分之報酬，而拒絕交付各該部分之工作。應與注意者，乃工作雖分部交付，但其報酬並非就各部分定之者，仍無民法第 505 條第 2 項規定之適用。

㈡工作無須交付

工作無須交付者，其報酬應於工作完成時給付之（民法第 505 條第 1 項後段）。惟於工作係分部完成，而報酬係就各部分定之者，則應類推適用

---

❾　參鄭玉波，前揭《民法債編各論（上）》，p. 383。

❿　參 50 年臺上字第 2705 號判例。

民法第 505 條第 2 項規定，於各該部分工作完成時，給付該部分之報酬。綜據上述，可知承攬人有先為完成工作之義務，而定作人無先為給付報酬之義務，故承攬人不得以報酬之未給付，而拒絕工作之著手及進行，亦即此種情形承攬人並無同時履行抗辯權。

民法第 505 條有關報酬給付時期之規定，並非強行規定，從而當事人關於報酬之給付時期，自得另為約定。當事人關於報酬之給付時期，如有特約者，例如約定報酬先付（一部先付或全部先付）；或約定報酬於工作完成或交付後，若干日再付；或約定報酬於工作經檢查合格驗收後，始應支付等是，自應從其特約。惟若當事人有報酬先付之特約，而定作人未按約定日期給付，則承攬人有同時履行抗辯權，得拒絕工作之著手及進行❶。

三、報酬所包含的範圍

承攬必須支付報酬，其須支付的範圍往往和工作之成果與工作之內容息息相關，所以對於報酬範圍這個部分，可以分成三部分來討論：

㈠報酬與工作所需之材料費用

承攬契約除了約定工作內容以及報酬數額外，基於工作完成所需要的材料往往也是承攬契約約定內容之一，而這些材料所需之費用是否屬於報酬之範圍，抑或尚得另外請求，便值得我們討論。88 年修法前對於材料所需費用實際上常產生爭執，故希冀修法後能解決相關爭執❷；也因此，現行法規定以承攬人是否必須提供材料為準，如約定由承攬人供給材料，則所需材料之價額，推定為報酬之一部（民法第 490 條第 2 項）。推定，即謂當事人如另有約定或另有習慣，可舉反證推翻，藉以有效降低爭議並兼顧當事人的契約自由。

---

❶　參劉春堂，前揭《民法債編各論（中）》，pp. 87～88。

❷　參第 490 條立法理由：「承攬契約約定由承攬人供給材料之情形，其材料之價額，在無反證時，宜計入為報酬之一部。如有反證時，可另外計算，爰增訂第二項。」

(二)報酬與工作完成的關係

工作之完成是承攬的重點之一，所以承攬人雖已提供勞務，但卻未能達成所約定的工作結果時，定作人並不生給付報酬之義務。而有一點必須特別說明的是，雖然承攬係以工作之完成為契約重點，可是對於工作結果是否順利與定作人的期望是否圓滿達成的部分，可以另外藉由特約規範排除，這時候契約重點將改以結果發生即已足夠，至於結果的內容為何在所不問，結果若符合預期，僅是發生報酬額增加的效果罷了。

換句話說，當事人可以約定將工作之完成作為承攬契約的核心內容，至於工作完成後的結果內容則退居為承攬契約中獎金報酬的條件。例如，和送貨的小弟約定在特定時刻將鑽戒給女友好順利求婚，此時約定給予一定報酬，若送貨小弟適時送到則給予更多報酬；但是此時，亦可約定以準時與否作為契約重點，也就是工作完成的條件，那麼準時與否便成為報酬支付的要件。由於無形工作的結果於工作完成後，其結果通常不需交付，故這種結果是無形工作時較為常見，例如律師承攬案件，通常便僅以約定「一個審級」的律師費用，即便官司輸了也仍必須給付報酬❸且亦無交付「實體結果」的可能。

(三)報酬之概估與不符時之救濟

當定作人與承攬人訂立承攬契約時，通常會先就報酬額事先加以約定，但有些工作物之完成，所需要花費的時間、材料、勞力及費用，很難事先於工作前就精確算出，為避免工作完成之延宕，通常會是先就報酬約定一個概數，待工程開始進行後再精算出報酬額，惟若日後所算出之報酬額與所約定之概數相差甚鉅時，就不應強迫定作人完全照單履行，蓋此以超乎定作人訂約時衡量其所能負擔之金額；且承攬人若繼續完成之工作，亦可

---

❸ 參史尚寬，前揭《債法各論》，p. 303。惟，律師承接訴訟時通常是界定為委任關係，所以契約性質是有償委任。而實務上仍有認定屬承攬性質者，如 88 年臺上字第 3367 號判決。

能因此無法獲得全數報酬，而平白支出多餘之勞力、時間及材料費用，如此非雙方所樂見。是以民法第 506 條規定：「訂立契約時，僅估計報酬之概數者，如其報酬因非可歸責於定作人之事由，超過概數甚鉅者，定作人得於工作進行中或完成後，解除契約。前項情形，工作如為建築物或其他土地上之工作物或為此等工作物之重大修繕者，定作人僅得請求相當減少報酬，如工作物尚未完成者，定作人得通知承攬人停止工作，並得解除契約。定作人依前二項之規定解除契約時，對於承攬人，應賠償相當之損害。」茲分述要點如下：

1. 要件

(1)訂立契約時僅估計報酬之概數

訂立契約時若已確定報酬之數額，除非有民法第 74 條暴力行為或第 227 條之 2 情事變更等情事發生外，當事人均應遵守契約，而無其他法律救濟途徑。故本條之適用，僅此估計報酬之概數為限。此與追加工程係屬另一承攬契約不同，亦與變更契約內容而另行議價有所異❶④。

(2)事後增加之報酬超過概數甚鉅

契約訂立時常僅估計報酬概數，故精算出的報酬與概數必會有所出入，因此必須精算出的報酬超過甚鉅，始有本條之適用，而是否超過甚鉅應依社會通念判斷之，若超過約定概數的一倍時，即屬超過甚鉅❶⑤。

(3)非可歸責於定作人之事由

報酬雖超過估計概數甚鉅，但若是因為可歸責於定作人之事由者，就無本條之適用，例如定作人不斷的追加工作，以致於增加報酬，或者定作人遲延供給材料，致承攬人未能及時開工，日後工資上漲。而所謂的可歸責於定作人之事由，不以定作人有過失為要件，只要事由出於定作人即可，若是定作人同意或默許超過，亦應視為可歸責於定作人之事由❶⑥。至於承攬人是否有過失，在所不問。

---

❶④ 參林誠二，前揭《民法債編各論（中）》，p. 128。

❶⑤ 參鄭玉波，前揭《民法債編各論（中）》，p. 384。

❶⑥ 參劉春堂，前揭《民法債編各論（中）》，p. 89。

2.效力

具備上述要件後，定作人就有救濟權，不過依承攬之工作是否為土地上之工作物，而異其效果：

(1)承攬之工作非土地上之工作物時

此種情況較為單純，依民法第 506 條第 1 項之規定，定作人得於工作中或完成後解除契約，亦即不論工作是否完成，定作人均可解除契約。立法當時或許以為承攬之工作若非土地上之工作物時，價值通常較為低，故縱使工作完成後，亦允許讓其解除契約，惟現今有些動產動輒上億，價值不斐，若允許定作人解除契約，對社會經濟亦相當不利，將來修法應考慮之，故修法前應限制本條只有在工作完成後始知道其超過概數甚鉅者才有適用。

(2)承攬之工作為土地上之工作物時

承攬人之工作若為建築物或其他土地上之工作物時，不論為新建或是重大修繕，視工作是否已完成而異其效果：

a.工作已完成

依民法第 506 條第 2 項前段之規定，定作人僅得請求相當減少報酬，不可解除契約。蓋若允許定作人解除契約，承攬人不得不拆除工作物，不僅對承攬人損失甚大，對社會經濟亦有不利，所以定作人僅可請求相當減少報酬，所謂的請求相當減少報酬即是請求減少相當報酬❶。但應注意的是，本條請求相當減少報酬與民法第 491 條報酬減少請求權，有些許不同，即本條規定無民法第 514 條第 1 項除斥期間規定之適用。

b.工作未完成

依民法第 506 條第 2 項後段之規定，定作人可以通知承攬人停工，並得解除契約，換言之，定作人所可採取的方法有二種，一種為通知承攬人停工，但不解除契約，此種辦法在工作可以分段為之者，可工作到一個段落來停止工作，以免工作全部完成，定作人無法負擔。另一種則為通知停止工作，並解除契約，或直接解除契約亦無不可❸。

---

❶　參鄭玉波，前揭《民法債編各論（中）》，p. 385。

綜上所述，若估計的報酬超過甚鉅者，定作人可以解除契約，惟此並非基於承攬人之債務不履行，何以定作人可以解除契約呢？有認為基於重大事由，此可參考民法第 489 條之規定❶，有認為因意外事情，超過報酬甚鉅，非本人所得預料，所以應賦予解除權，以為救濟❷，有認為此係情事變更原則之表現❸，本文採此見解。因本條解除權之行使，承攬人不一定有過失，惟承攬人既已付出勞力與費用，就應獲得賠償，故民法第 506 條第 3 項規定，定作人解除契約時，對承攬人應賠償相當損害，所謂的相當賠償，承攬人自不可依民法第 216 條之規定請求完全賠償，亦不可依民法第 213 條之規定請求回復原狀，只能賠償相當損害之價額❹，此時應斟酌承攬人所支出之費用與付出勞力定之。本條請求權之行使雖不論承攬人有無過失均得主張之，惟承攬若有過失時，應有民法第 217 條過失相抵規定之適用。至於本條損害賠償請求權，依民法第 514 條第 2 項之規定，因其原因發生後一年間不行使而消滅，有認為此乃除斥期間之規定❺，惟既是請求權之行使，多數見解認為應解釋為消滅時效期間較為妥當❻。

---

❶ 參鄭玉波，前揭《民法債編各論（中）》，p. 385。

❷ 參史尚寬，前揭《債編各論》，p. 330。

❸ 參戴修瓚，前揭《民法債編各論》，p. 181。

❹ 參鄭玉波，前揭《民法債編各論（中）》，p. 386；林誠二，前揭《民法債編各論（中）》，p. 130。

❺ 參邱聰智，前揭《新訂債法各論（中）》，p. 111。

❻ 參史尚寬，前揭《債編各論》，p. 332。

❼ 參鄭玉波，前揭《民法債編各論（中）》，p. 386；林誠二，前揭《民法債編各論（中）》，p. 131；劉春堂，前揭《民法債編各論（中）》，p. 92。

第二章
相關協力義務

　　有關協力義務之性質，係指工作之完成，有時需定作人協力，始能完成者，如定作人不為協力，承攬人勢難完成工作。例如，訂製西服定作人不接受身材丈量，亦不告知其資料，承攬人無從為其裁作是，雖然，於此情形，其結果為定作人無從獲得利益，於承攬人為不可歸責，並不成立不履行責任。因此，承攬工作之完成，需定作人協力，而定作人不為協力者，於債之原理上，係定作人成立受領遲延，承攬人減輕其責任之負擔。

　　然則，如此法律構成，於承攬人頗為不利，民法爰比照給付遲延之例，於民法第 507 條規定：「工作需定作人之行為始能完成者，而定作人不為其行為時，承攬人得定相當期限，催告定作人為之。定作人不於前項期限內為其行為者，承攬人得解除契約，並得請求賠償因契約解除而生之損害。」亦即，定作人違反應為之工作協力義務者，承攬人對於定作人有催告權，經催告而仍不履行（不為協力）者，承攬人有契約解除權及損害賠償請求權，其救濟手段與給付遲延相近。至於催告、解除之相關問題，應與民法第 254 條，作同一解釋❷⑤。簡言之，承攬人請求協力義務之相關權利應該包含三種，即單純請求履行協力義務、請求受領工作物義務以及違反後所衍生損害賠償請求權，分述如下：

一、請求定作人協力完成工作及受領承攬工作物的權利

　　承攬工作的內容，有時需定作人的配合才能完成，如理髮、人像素描、或定作人依約需提供材料等，所以民法第 507 條第 1 項規定：「工作需定作人之行為始能完成者，而定作人不為其行為時，承攬人得定相當期限，催告定作人為之。」依此而論，該協力義務應解為屬於定作人的一種義務。不

---

❷⑤　參劉春堂，前揭《民法債編各論（中）》，p. 112。

過，通說認為定作人的協力義務仍然是屬於對己義務（不真正義務），其違反並不構成債務不履行,頂多由承攬人依民法第 507 條之規定來解除契約，並得請求因契約解除而生之損害❷，因為定作人既然遲延其對工作完成的協力義務，先前所投入之成本及費用不免歸於徒然，此部分的不利益本應由定作人來承擔。而定作人受領工作遲延者，僅構成債之通則之受領遲延，非若買受人之應負給付遲延責任。換言之，其承攬人僅能依受領遲延之規定，主張救濟。不過，定作人既已有工作協力義務，則工作需經交付者受領交付亦非不得解釋為協力義務之一環，故學理上認為定作人有工作受領義務者，亦非毫無依據。在一般情形，定作人雖無工作受領義務，但民法仍於特殊情況，明定定作人應受領已完成之部分工作。此之特殊受領義務，適用於下述情形，即「承攬之工作，以承攬人個人之技能為契約之要素，於完成部分工作時,承攬人死亡或非因承攬人之過失所致不能全部完成時，如已完成之部分於定作人為有用者，定作人有受領義務，同時並有給付相當報酬之義務」（第 512 條第 2 項），揆其立法意旨，則在保護承攬人之利益❷。

　　此外，依民法第 507 條定作人為協力及不為協力之效果之規定加以觀察，必須該承攬的工作需定作人之協力始能完成，而且定作人在承攬人所催告的相當期限內未為協力行為者，承攬人才可以解除或終止契約。如果承攬契約的內容係包括數個可以獨立施作之項目，而其中需定作人之協力部分，並不影響其他部分工作之進行及完成者，解釋上仍不容許承攬人任意以契約中之一部分，需定作人之協力而未協力而導致該部分不能施作，就認為定作人之協力未完成。不僅如此，若承攬人具有完成工作之利益，宜依照契約約定，使定作人負擔特定行為之法律上義務❷，而且必須是定

---

❷　參民法第 507 條第 2 項：「定作人不於前項期限內為其行為者，承攬人得解除契約，並得請求賠償因契約解除而生之損害。」

❷　參照第 512 條立法理由；邱聰智，前揭《新訂債法各論（中）》, pp. 114～115。

❷　參 79 年臺上字第 1443 號判決：「按『工作需定作人之行為始能完成者，而定作人不為其行為時，承攬人得定相當期限，催告定作人為之，定作人不於前項

作人知悉，並有契約作為依據，成為契約內容方可，僅僅承攬人具有完成工作之利益，尚不足夠。

再者，定作人之協力行為，僅在具有個人性之例外情形，才須定作人親自為之，例如肖像畫作，若無定作人配合，承攬人難以作畫。而定作人亦得由第三人為必要之協力行為，例如營建工程之定作人委由工程顧問公司或建築師協助監造之情形。最後，定作人有無為協力行為之義務，或者相關之行為係承攬人所應為者，首先應依照雙方約定，其次依交易慣例定之。後者，由於個別行業之差異，尚難一概而論，但是完成工作所須之器具設備，原則上應由承攬人提供。

二、義務違反之請求損害賠償權

此部分主要是規定在民法第 507 條第 2 項以及民法第 509 條❷兩部分。就前者而言，一般認為，定作人遲延為其協力行為，以致承攬人依契約繼續完成工作，造成成本或費用有所增加，似宜類推適用第 509 條規定意旨，即因定作人之事由所生之工作風險，宜由定作人承擔，而由定作人承擔此部分之費用，承攬人並得請求增加工作之報酬。至於定作人有可歸

期限內為其行為者，承攬人得解除契約」；又『契約當事人之一方遲延給付者，他方當事人得定相當期限催告其履行，如於期限內不履行時，得解除其契約』民法第五百零七條及第二百五十四條分別定有明文。查兩造於 77 年 11 月 15 日所成立之協調結論，既約定有關變更設計圖及材料，被上訴人應於 77 年 11 月 30 日前交由上訴人辦理施工，被上訴人如未按期交付，上訴人仍須依民法第二百五十四條之規定，定相當期限催告被上訴人履行，於被上訴人逾期不履行時，始得解除契約。茲上訴人自承被上訴人未於 77 年 11 月 30 日依約交付水泥及變更設計圖，即對被上訴人表示解除契約，而未另為定期催告履行，按諸民法第二百五十四條規定，自難認已發生解除契約之效力。」

❷ 參民法第 509 條：「於定作人受領工作前，因其所供給材料之瑕疵或其指示不適當，致工作毀損、滅失或不能完成者，承攬人如及時將材料之瑕疵或指示不適當之情事通知定作人時，得請求其已服勞務之報酬及墊款之償還，定作人有過失者，並得請求損害賠償。」

責事由時，宜類推適用第 231 條第 1 項規定，由定作人賠償因遲延而生之損害。定作人全然不為完成工作之必要行為，固得適用第 507 條規定，但是承攬人依本條第 1 項定期催告後，原則上不得自行為協力行為，而請求定作人償還其費用。此外，定作人所為之協力行為，經承攬人盡其檢查義務而知悉有瑕疵，並通知定作人時，原則上宜類推適用本條規定，承攬人得定期催告，使定作人重新提供或另行為之。而本條第 2 項雖規定，承攬人得解除契約，並得請求因契約解除而生之損害，其與第 511 條之終止有所不同，但是第 507 條第 2 項規定之法律效果，不宜解為係信賴利益之損害賠償，因為第 507 條與第 511 條規定，均係因為定作人行為，致承攬人無法完成工作，因此二者之法律效果，原則上宜相同，以免定作人以不為協力行為之方式，促使承攬人依本條規定解除契約，在法律效果上獲得優惠，故第 507 條第 2 項規定，所謂因契約解除而生之損害，宜解為自解除契約時起，若承攬人未解除契約繼續完成工作所得請求之報酬，但是因為承攬人實際未完成工作，應扣除其所節省之費用以及因此另外有所取得之報酬。至於承攬人解除契約時，就其已提供之勞務，仍得請求金錢之償還。其次，就應返還定作人之物，承攬人已支出必要或有益費用，亦得於定作人受返還時，於所得利益限度內，請求返還（分別參見第 259 條第 1 款、第 3 款及第 5 款）。

至於第 509 條的部分，依該條文義可知，於定作人受領工作前，因其所供給材料之瑕疵或其指示不適當，致工作毀損、滅失或不能完成者，承攬人如及時將材料之瑕疵或指示不適當之情事通知定作人時，得請求其已服勞務之報酬及墊款之償還，定作人有過失者，並得請求損害賠償。此外，如果在定作人受領工作前，因其本身指示不適當，致工作不能完成者，承攬人如果及時將指示不適當之情事，通知定作人時，就可以請求已服勞務之報酬，及償還已支付的墊款。定作人有過失者，並得請求損害賠償，此固為民法第 509 條明定，然承攬人所得請求者，為已服勞務之報酬、墊款之償還以及定作人有過失之損害賠償等三項，這些各自都有其範圍❸❹。

---

❸❹　參 75 年臺上字第 397 號判決。

　　最後，定作人受領工作前，工作有不能完成之情事，而其原因係由於定作人所供給材料有瑕疵，或因依定作人之指示不適當所致，承攬人仍應於事前將材料之瑕疵，或指示不適當之情事，及時通知定作人。民法第 509 條所謂之「及時」，依其立法理由係指「事前」❸，意即須於開始工作前及時將材料之如何有瑕疵或指示之如何不適當等情事通知定作人，承攬人始得請求其已服勞務之報酬及費用。換句話說，民法第 509 條之及時通知定作人者，必須承攬人查知材料有瑕疵或指示不適當之情形發生後，才可能予以通知。

　　而承攬人應返還定作人之物，已因加工或改造致變更其種類，宜認為承攬人仍得依第 507 條第 2 項規定解除契約，不受第 262 條後段規定限制，否則第 507 條第 2 項規定將失其適用餘地，不符其保護承攬人之意旨。同理，即使承攬人就應返還之物，因承攬之加工或改造，而於解除契約時不能返還者，亦無須依第 259 條第 6 款規定，償還其價額，否則承攬人未因第 507 條第 2 項規定之解除權蒙受利益，反而仍應償還價額，將不當限制其解除權之行使；而且承攬人之解除權，係因定作人經定期催告仍不為協力行為所生，故不宜由承攬人承擔已為工作之後果。

　　這些協力義務，其實並非契約的主義務，但是都是基於契約公平以及有效實現契約目的而產生，因此雖然未必都會碰到，但是不可否認的是它們仍有著一定程度的重要性。

---

❸　參民法第 509 條立法理由：「……承攬人又曾於事前將材料之瑕疵，或指示不適當之情事，通知定作人者，於此情形，既不能歸責於承攬人，自不應使承攬人受其損害。故應許承攬人有請求已服勞務之報酬，及墊款償還之權。……」

第三章
報酬與受領之義務

　　欲討論受領與報酬的關係，須先回到討論本問題的原始目的，也就是危險與受領的關聯；所以有必要先回到「受領」與「危險」兩詞的本質意義。如套用買賣契約關於危險移轉之理論於承攬契約中，物之危險移轉亦應由工作物之「交付」時起算。既然在時間上，承攬人之交付工作即便等同於定作人受領，故承攬標的之危險應於定作人直接占有其工作時為準。此時承攬人之報酬請求權亦於交付時得向定作人請求。然在民法承攬契約規定之用語上，卻不同於買賣契約上之統一：民法第 505 條規定：「（承攬人之）報酬，應於工作交付時給付之。」第 508 條第 1 項規定：「工作物毀損滅失之危險，於定作人受領前，由承攬人負擔……」；又第 509 條規定：「於定作人受領工作前……致工作物毀損滅失……」，即標的物之危險自於定作人「受領」時移轉於定作人。

　　我國實務及學界對此著墨不多，大多認為承攬契約亦如買賣般，承攬人交付工作與定作人受領不論其時間差而視為兩個動作幾乎處同時。較為例外者，如最高法院 82 年臺上字第 1440 號判決：「承攬報酬應於工作交付時給付之，民法第五百零五條第一項前段定有明文。定作人於支付報酬前，固得檢查工作物是否合於契約之約定，以決定應否支付報酬，倘定作人於受領工作物後，經過相當時間未表示異議者，承攬人既經交付工作物，定作人即有支付報酬之義務。」上該判決，認為定作人於承攬人交付工作後，定作人仍有一定期間得以「驗收」。倘「驗收」無誤者，定作人應支付價款，因工作已交付。由此觀之，該判決似乎認為承攬人交付工作使定作人取得現實占有後，尚非民法第 505 條所謂之「交付」，而係等待定作人驗收工作完畢後才符合第 505 條之要件。或可解釋為「交付」與「受領」並非為同一事件，且其「交付」與「受領」間仍存在著時間差，且該時間差在法律

上似乎仍具有相當意義：定作人可於承攬人交付工作後進行驗收程序，於驗畢後「受領」，於「受領」前得行使同時履行抗辯❷。如為前者，似乎將民法第 505 條文中之「交付」字據改成「受領」，較不易滋生疑義，因民法第 508 條之危險移轉亦規定以定作人「受領」時為危險移轉之時點。如為後者，最高法院似乎無法認定工作物交付後尚得以讓定作人驗收工作物後再支付報酬，即無法行使同時履行抗辯❸。如此一來，若工作有瑕疵，則僅得於受領後主張瑕疵擔保❹。

　　就危險負擔而言，涉及製造物供給契約之情形，宜適用買賣第 373 條規定，無須等到定作人表示承認❺，得僅因交付即發生危險負擔之移轉❻。

---

❷　其他有以特約規定以定作人之驗收為受領者，參見最高法院 80 年臺上字第 594 號，85 年臺上字第 1833 號判決。

❸　實務界原則上仍採如買賣般「工作物之接受」，即承攬人「交付工作物」時為定作人之受領。

❹　參張哲源，〈交付＝受領？——論承攬人之「交付」、定作人之「受領」與危險移轉、同時履行抗辯、物之瑕疵擔保間之關係〉，《東吳法律學報》，第 16 卷第 3 期，pp. 410～412。

❺　史尚寬先生認為受領，在買賣解釋為純粹事實上之交付。然在承攬，則有謂於有形之受領之外，應並含有以其給付為契約履行之承認，即以其工作主要的符合於契約而完成之承認。參史尚寬，前揭《債法各論》，p. 334。

❻　參楊芳賢，前揭《民法債法各論（上）》，p. 643。但另有學者認為，受領與交付非同一時期，因此需探討何謂承攬契約中所謂之「受領」、何謂「交付」、危險於何時移轉？此時需與買賣契約相比較才可得出。民法第 367 條明文規定買受人有受領標的物之義務，然此等規定在承攬契約中卻付之闕如，是否需受如此差別對待？則需就契約性質作一番討論。買賣契約中所謂之「受領」，係指「買受人現實上取得出賣人所準備交付之標的物」。意即，買受人之受領重在取得標的物以及解除出賣人於買賣契約中所負擔之義務。即在受領前並無「驗收」之權，對於標的物之瑕疵原則上也無「補正」之權。標的物受領後，依民法第 365 條第 1 項規定，以通常程序檢查其標的物有無瑕疵。如有瑕疵，則可依瑕疵擔保之規定請求。原則上，受領為買賣契約中買受人之從契約義務，因其並非雙務契約中之「對價」。但如契約另有訂定或其受領對於出賣人有利益時，可視受領為主契約義務。民法第 490 條第 1 項規定，承攬人完成一定工作

其次，涉及固有意義之承攬契約之危險負擔規定，亦即第 508 條第 1 項以及第 509 條規定，雖係分別使用受領前或受領工作前，但是此一規定方式

與定作人之支付報酬義務互為承攬雙務契約中之對待給付。除民法第 512 條第 2 項之特殊情事明文規定定作人有受領義務外，於一般情形之承攬契約並無規定。若從此二種契約（買賣與承攬）來看，承攬不同於買賣之點，在於承攬重於工作之完成，並使定作人取得該工作，而非僅僅如買賣般重於標的之給付。即工作完成而經定作人驗收，乃當然之理。因工作之完成，與工作有無瑕疵有重大關連。工作之瑕疵如果過大，則可視為工作未完成，不具交付資格。既然承攬契約重在工作之完成，且瑕疵與工作之完成有相當密切關連，是故，對於工作之「驗收」，實為承攬契約中相當重要之一環。正因如此，我國學者亦有認為所謂承攬契約之「受領」，近於「驗收」之概念，即「除了在實體上取得占有之外，尚須對所受領之工作為大致符合契約之承認」。所謂「為大致符合契約」意指不得以細微之瑕疵拒絕受領。綜上所述，買賣契約與承攬契約中「受領」之概念，無法視為等同。買賣契約之「受領」，乃重在標的物之實體交付。但承攬契約之「受領」則不然，因其契約之性質重在工作之完成，則似應以經過定作人之「驗收」為妥。否則當承攬人交付工作後，定作人僅得事後主張瑕疵擔保，對定作人之保護較為不周。若承攬人將承攬工作，如一市場調查報告業已完成，並將之交付與定作人占有時，於此情形下，承攬人之酬金請求權屆期，定作人無法於占有該項調查報告後，執行驗收程序完畢前拒絕支付酬金與承攬人，即對於定作人，因工作以交付而無法主張同時履行抗辯，僅能依瑕疵擔保之規定請求補正、解約或損害賠償等（民法第 493 條以下）。若從時間點上而言，定作給付義務之屆期得有二種可能，一為承攬人交付工作時，另一為定作人受領（指驗收完畢）時。我國以承攬人「交付」工作時為定作人支付報酬義務之屆期（民法第 505 條第 1 項前段）。而以定作人「受領」時為危險負擔之移轉時間點（民法第 508 條第 1 項）。然此二法條所指之「交付」及「受領」，該時間點究屬同一抑或不同？如前所述，應係不同之概念，於承攬契約似宜給予定作人較長之時間「驗收」承攬人所完成之工作，因其於工作交付前較缺乏工作檢視之可能性。且若其工程較為浩大或複雜，必須使定作人於工作交付後有一定之期限驗收。由此觀之，似以定作人驗收完畢為支付報酬屆期，危險移轉之時間點為宜。參張哲源，前揭〈交付＝受領？——論承攬人之「交付」、定作人之「受領」與危險移轉、同時履行抗辯、物之瑕疵擔保間之關係〉，pp. 423～429。

與第 373 條規定之自交付時起，發生危險負擔之規定方式，宜認為係屬相同，亦即第 373 條規定，係自出賣人交付買賣標的物給買受人時起，而第 508 條第 1 項以及第 509 條則係自承攬人立場規定，在定作人受領前，由承攬人承擔工作毀損、滅失之危險。第 508 條之受領，僅具有承攬人交付而定作人受領，而取得工作事實上管領力之意義❸⁷，否則定作人取得占有之後，遲遲未為承認，而認為危險尚未移轉，對於承攬人之利益，並非妥適。

其次，於工作性質無須交付之情形，例如一定勞務兼有結果性質之工作完成，第 510 條規定係以工作之完成視為受領（第 505 條第 1 項規定，則係以工作完成時，代替交付）。於此，雖然定作人實際上仍得為承認，但是依法並無須定作人再為承認。此外，依照第 504 條規定，工作遲延後，定作人受領工作時，不為保留者，承攬人對於遲延之結果，不負責任。本條規定之受領工作時，亦得認為係定作人現實取得工作之占有之時，但是取得占有僅係事實行為，占有人無行為能力，雖可取得占有，但無法對其權利有所保留，故應俟其回復時或以其法定代理人知悉時為準。又，由於第 498 條係以工作交付後，或工作完成時，作為定作人瑕疵發現期間之起算點。基於交付後，定作人已取得工作之占有，或者工作依其性質無須交付者，自工作完成時，定作人亦得加以檢查、試用等，因此第 498 條規定，仍有其理由。

最後，依照第 505 條第 1 項規定，工作交付時，定作人始有給付報酬之義務，所以本項並未以定作人承認工作符合契約為給付報酬之要件，但是當事人對此，仍得為特別約定（這部分稍後於給付報酬的部分再詳談）。因此，我國民法對於受領之意義，原則上宜認為係指由定作人現實取得占有而言。

論述至此，仍然無法證明受領行為為定作人之義務之一。對於這問題，

---

❸⁷　以道路標誌為例，一旦將號誌以水泥固定於定作人之土地上，依據第 811 條之規定，所有權立即移轉。但是此時尚未完成驗收，因此在公共工程契約均以正式驗收通過為工作物之受領。

德國民法第 640 條第 1 項第一句明文規定，定作人負有受領合乎契約所完成工作之義務；而且德國學說認為，定作人之受領義務，係主給付義務❸。反之，我國學說認為，民法關於定作人之受領義務，並無一般之規定，僅就以個人技能為契約要素之契約，對於工作已完成之部分，於定作人為有用者，特別規定定作人有受領及給付相當報酬之義務（第 512 條第 2 項）。因此，除當事人以特約訂立定作人受領義務外，似乎不能逕行認為定作人有此義務，只可認為其有此權利❸。

　　上述我國學說見解結論，值得贊同；但是第 512 條第 2 項，乃係就工作尚未完成所為之規定。因此，僅僅依據本條項規定，得否如同我國學說多數見解，認為定作人一般而言並無受領工作之義務，似乎不無疑問。亦即，依據承攬契約承攬人負有完成一定工作之義務，就尚未完成之工作，定作人原本並無任何受領工作或給付報酬之義務。然而依據第 512 條第 2 項規定，在工作未完成時，定作人於一定要件下，仍負有受領及給付相當報酬之義務，則本條項規定，毋寧具有特別保護承攬人之意旨❹。因此，若就本條規定為反面推論，應該僅得認為不符第 512 條規定情事而工作未完成時，定作人無須受領並給付報酬，尚無從推論認為，工作已完成時，定作人亦無受領之義務。再者，在第 512 條之特別情事下，定作人尚有受領並給付相當報酬之義務，如果承攬人已完成符合約定的工作並且予以交付時，定作人實際上更應有受領工作並給付報酬之義務。

　　綜此而論，倘若認為定作人有受領義務，則承攬人自然可以依其情形主張給付遲延，反之，若主張定作人無受領義務，承攬人僅得主張受領遲延，但是依據我國學說見解，定作人無受領義務，承攬人無從主張定作人給付遲延，而僅得依據受領遲延規定受保護，例如依第 508 條第 1 項後段規定，定作人受領遲延，工作毀損，滅失之危險由定作人負擔，似不致造

❸　參楊芳賢，前揭《民法債法各論（上）》，p. 648。

❸　參史尚寬，前揭《債法各論》，p. 324；鄭玉波，前揭《民法債編各論（上）》，p. 388；邱聰智，前揭《新訂債法各論（中）》，p. 118。

❹　參楊芳賢，前揭《民法債法各論（上）》，pp. 648～649。

成承攬人重大不利**❹**，因此定作人有無受領義務之問題，似無庸太過重視。

接下來討論報酬的意涵與報酬的給付時期。定作人依據承攬契約，負有給付報酬之義務，但是依照第 490 條第 1 項規定，僅具有承攬人「完成工作，才有報酬」之意義，並非有關報酬給付時期之規定。因此，定作人給付報酬之時期，當事人間別無約定時，依據第 505 條第 1 項之補充規定，應於工作交付時給付，無須交付者，應於工作完成時給付之。換言之，承攬人原則上負有先完成工作之義務，定作人俟工作完成並且交付之時，才有給付報酬之義務，因此本條項規定，係有關工作與報酬之同時履行規定**❷**。其次，若工作係分部交付，而報酬係就各部定之者，定作人應於每部分交付時，給付該部分之報酬（第 505 條第 2 項）。但是第 505 條是屬於任意規定**❸**，雙方當事人得就報酬之給付時期及數額等，另為約定（參見第 315 條）。因此承攬人基於約定，得於工作完成前，即取得全部或一部之報酬**❹**。相對地，定作人亦得與承攬人約定，完成之工作應經檢查驗收合格等，始負有給付報酬之義務。另外，於工作得為交付之情形，縱使並未約定定作人得加以檢查檢驗試用等，但是參酌交易慣例，亦得認為承攬人交付工作時，定作人仍得為之**❺**，而於其承認工作符合契約時，始負有

---

❹ 承攬人雖無從依給付遲延定期催告而解除契約，但是承攬人既已完成工作，應希望維持契約，而請求報酬。又即使承攬人無從請求給付遲延之損害，但是承攬人亦得於定作人受領遲延時，請求其賠償提出及保管給付物之費用（第 240 條）。而就不動產方面，承攬人預先通知定作人後，得拋棄占有（第 241 條）。

❷ 參楊芳賢，前揭《民法債法各論（上）》，p. 640。

❸ 也就是該條文不具絕對拘束力，依照當事人約定或交易習慣可以自行約定排除。

❹ 參黃立，《民法總則》，自版，88 年二版，p. 447。「雖然第 490 條第 1 項規定：『稱承攬者，謂當事人約定，一方為他方完成一定之工作，他方俟工作完成，給付報酬之契約。』在公共工程的承攬契約，通常依據工作進度估驗付款，不過此一給付，應該是墊款性質，也非全額給付，通常僅給付百分之九十，其餘額在完工後決算時才結清。因此其報酬的消滅時效的計算應該以驗收完畢時起算。」這樣的見解，頗值得重視與贊同。

❺ 參楊芳賢，前揭《民法債法各論（上）》，p. 643。

給付報酬之義務。

既然我們對於受領與報酬兩種義務都已經了解了，那麼就讓我們進入正題。由於承攬契約的危險負擔，涉及承攬人所為之工作，因此在定作人受領或完成之前，如果因為不可歸責於雙方當事人的事由導致毀損、滅失時，承攬人有無重新或繼續完成工作之義務，以及工作在定作人受領或完成之前毀損、滅失時，承攬人得否請求定作人給付已為勞務的報酬以及購買材料所支付的費用。針對這個問題，以下分為三個部分來談，也就是工作物的危險、報酬的危險以及材料的危險三部分，分述如下：

一、工作毀損、滅失之危險負擔

依據第 508 條第 1 項前段的規定：「工作毀損、滅失之危險，於定作人受領前，由承攬人負擔，如定作人受領遲延者，其危險由定作人負擔。」於此之受領，依上述，係指定作人現實取得工作之事實上管領力。且依第 510 條規定，如依工作之性質，無須受領者，以工作完成時視為受領。但是若有例外情形，例如定作人已有受領遲延之情事（第 508 條第 1 項後段規定），則承攬人便可以請求報酬。此外，工作之毀損、滅失或不能完成，係因為定作人供給材料有瑕疵，或指示不適當，則在一定要件下，承攬人不須負擔工作毀損、滅失或不能完成之危險，承攬人得請求已服勞務之報酬及墊款之償還，定作人有過失者，承攬人並得請求損害賠償（參第 509 條❹❻）。

至於工作於定作人受領或完成之前，發生毀損、滅失之情事，承攬人是否仍有重新或繼續完成工作之義務？此不無疑問。雖然依據第 225 條第 1 項規定，因不可歸責於債務人之事由，致給付不能者，債務人免給付義務。但是承攬契約，係就未來應完成之一定工作加以約定，原則上不致因為工作毀損、滅失，即發生客觀或主觀不能之情形，因此定作人受領或完

---

❹❻　參民法第 509 條：「於定作人受領工作前，因其所供給材料之瑕疵或其指示不適當，致工作毀損、滅失或不能完成者，承攬人如及時將材料之瑕疵或指示不適當之情事通知定作人時，得請求其已服勞務之報酬及墊款之償還，定作人有過失者，並得請求損害賠償。」

成之前，即使工作有毀損、滅失，原則上承攬人仍有依契約重新或繼續完成工作之義務 ❼。惟承攬人此一重新或繼續完成工作之義務，應認為需受誠信原則限制。再者，第 509 條規定僅涉及報酬危險，因此工作雖然全部或一部滅失，但是重作仍屬可能時，承攬人原則上仍負有繼續完成工作之義務，然承攬人依其情形，得主張因重大事由而終止契約。另外，工作之毀損，得認為存在工作或工作之一部時，宜解為工作具有瑕疵，承攬人負有修補義務，但若係因定作人供給之材料有瑕疵，或指示不適當，承攬人就修補費用，得類推適用第 217 條規定，請求定作人負擔其一部或全部。倘若工作因可歸責於承攬人之事由，例如進行中之工作，因為承攬人未採保護或防止危險發生之措施，而發生毀損、滅失時，承攬人無從請求報酬，定作人則仍得請求承攬人重新或繼續工作。反之，若發生不可歸責承攬人之事由，致工作客觀不能或主觀不能，例如特定機器之製作須使用國外進口材料，但交付前出口國已禁止出口，承攬人無從取得材料，或自定作人受領工作時，或定作人受領遲延時起，或者工作性質無從交付之完成時，工作發生毀損、滅失，承攬人即無重新完成工作之義務。

二、報酬之危險負擔

民法第 508 條第 1 項明文指稱工作之危險由承攬人負擔 ❽，但是由於承攬人未能完成工作，即無從請求報酬，因此報酬之危險，仍然是由承攬人承擔，所以定作人受領工作之前，工作毀損、滅失時，承攬人就其已為之勞動、施加之零附件以及其他費用等，無從請求定作人支付，而應自行承擔。反之，若已應由定作人負擔其危險時，承攬人一方面得請求報酬，另一方面亦得免其給付義務。

三、材料之危險負擔

---

❼　參鄭玉波，前揭《民法債編各論（上）》，p. 391。

❽　關於給付風險與對待給付的風險等問題，參黃立著，《民法債編總論》，自版，88 年二版，p. 432。

關於材料的部分，依照第 508 條第 2 項❹的規定，定作人所供給之材料，若因不可抗力而毀損、滅失者，承攬人無須負責。不過由於承攬人就定作人所供給之材料，負有小心照顧及防止損害發生之義務，所以如果承攬人因可歸責事由而違反此一義務，應該依照不完全給付負其責任。

反之，因為定作人提供材料之瑕疵，或者指示不適當，致承攬人之機器設備等發生毀損，定作人具有可歸責事由時，定作人應負不完全給付之責任；此外，依其情形，定作人亦可能因為侵害承攬人之所有物，需依侵權行為規定負損害賠償之責❺，但是承攬人依其情形，有檢查檢驗之義務，故承攬人亦可能與有過失。

由前述可知，承攬人原則上有請求定作人給付報酬的權利，但是仍有例外之情形。因此，我們除了依循前一編的內容外，更需要注意本節所談到的危險負擔問題，進行綜合的評價與判斷。

---

❹　參民法第 508 條第 2 項：「定作人所供給之材料，因不可抗力而毀損、滅失者，承攬人不負其責。」

❺　併參第 509 條後段規定。

第 四 章
忍受承攬人抵押權設定之義務

　　當承攬契約之工作物是不動產的興建或重大修繕時，所投入的心血、勞力、成本以及材料的預先代墊費用往往都是很可觀的。因此，確保承攬人能在工作完成後獲得所應得的報酬顯得格外重要，所以用以擔保承攬人報酬的抵押權便應運而生，也使得這時候定作人將負有忍受承攬人請求為抵押權登記的義務。

壹、承攬人抵押權之意義與性質

一、承攬人抵押權之意義

　　承攬之工作為建築物，或為其他土地上之工作物，或為此等工作物之重大修繕者，承攬人得就承攬關係報酬額，對於其工作所負之不動產，請求定作人為抵押權之登記；或對於將來完成之定作人之不動產，請求預為抵押權之登記（民法第513條第1項），且對於定作人不移轉占有而供擔保之不動產，得就其賣得價金優先受償之權（民法第860條）。此優先受償制度之起源，乃是基於公平正義之維護或應事實上的需要❺❶，蓋承攬人所完成的工作物，通常都由定作人先取得該物之所有權，且若依我國實務之見解，承攬人又須先行交付工作物才可以取得報酬請求權，如此可能造成承攬人交付了該工作物，但定作人卻遲不給付報酬之風險；縱使採學者之見解，認為工作物之交付與報酬之給付有同時履行抗辯的適用，但既然通常情形由定作人先取得該物的所有權，還是有可能造成該工作物成為定作人其他債權人拍賣受償的標的。此種結果對承攬人甚為不公平，所以法律乃特別賦予承攬人對該工作物有優先受償之權，以免造成承攬人的重大損失。

---

❺❶　參謝在全，《民法物權論（下）》，自版，94年8月修訂三版，p. 2。

二、承攬人抵押權之性質

舊民法第 513 條規定：「承攬之工作為建築物或其他土地上之工作物，或為此等物之重大修繕者，承攬人就承攬關係所生之債權，對於其工作所附之定作人之不動產有抵押權。」修法前此種抵押權乃是基於法律規定而當然發生，並無須當事人意思之設定為其要件，且不須登記就生效力，所以學說及實務上均稱此為法定抵押權。

惟此項法定抵押權之發生，因不以登記為生效要件，實務上常造成與定作人有授信往來之債權人，或預售屋之承購戶，不明該不動產有法定抵押權之存在而受不測之損害，為確保承攬人之利益並兼顧交易安全之保障，故修正第 1 項為得由承攬人請求定作人會同為抵押權之登記❷。修正後此項抵押權是否仍屬法定抵押權，民法研究修正委員意見不一，錢國成、孫森焱、蘇永欽、施智謀等人主張，法定抵押權如須登記，則與法定的本質不合❸。鄭玉波、林誠二主張因其設定登記屬法律強制性質，故仍屬法定抵押權❹。惟由修正後之條文觀之，承攬人之抵押權，係由雙方共同申請為抵押權之登記，此既已屬雙方合意為抵押權之設定，故已屬意定抵押權，僅其內容應受民法上述規定之限制而已。況且若仍解為係法定抵押權，似乎與法定抵押權可不待登記即行取得之原則，未盡相符。準此而言，承攬人之此項抵押權性質上以非法定抵押權而係強制性之意定抵押權，故承攬人之抵押權性質上應屬強制性之意定抵押權❺。

由於對承攬人抵押權之性質，主要有意定抵押權說與法定抵押權說二種不同見解，此對修法後第 513 條之登記的性質究竟為何亦產生了不同的爭論，學說上有下列二說：

---

❷　參高明發，前揭〈承攬之理論與實務〉，p. 238。

❸　參《民法修正實錄㈤》，pp. 135、145、148、161、172。

❹　參《民法修正實錄㈤》，pp. 163、172。

❺　參謝在全，前揭《民法物權論（下）》，p. 6。

㈠生效要件說

採意定抵押權說者認為,新法實行後,承攬人取得的僅是有設定抵押權的債權請求權,承攬人的抵押權須經登記始能成立,如承攬人未辦理登記者,尚未取得抵押權,縱使其對於定作人有報酬給付之債權,亦是無抵押權擔保的債權❺❻。

㈡對抗要件說

此法定抵押權說者認為,此登記並非法定抵押權之成立或生效要件,僅為法定抵押權之對抗要件而已,故非經登記,應不得對抗善意第三人,並且依新法第 513 條之修法理由,亦以定作人有授信往來之債權人因不明該不動產抵押權之存在而受不測之損害,故修正該條項為得由承攬人請求定作人會同為抵押權登記,使其具備物權公示之外觀,以利定作人之債權人避免受到不測之損害而已,並非以登記為其成立或生效要件。所以若採對抗要件說,承攬人若未辦理抵押權登記,因定作人之債權人無法至土地登記簿判斷是否有法定抵押權之存在,故不論承攬人之法定抵押權是否先於定作人之債權之意定抵押權,承攬人之法定抵押權不得與其對抗,承攬人之意定抵押權具有優先性❺❼。

貳、承攬人抵押權之成立要件

一、須承攬之工作為土地上工作物之新建或重大修繕

所謂「建築物」,係指土地上或地面下具有頂蓋、牆垣,足以避風雨,

---

❺❻ 參邱聰智,前揭《新訂債法各論(中)》,p. 108;謝在全,前揭《民法物權論(下)》,p. 6。

❺❼ 參林誠二著,〈論法定抵押權新舊法之適用問題〉,《黃宗樂教授六秩祝賀——財產法學篇㈠》,學林文化,91 年,pp. 88～89;溫豐文,〈費用性抵押權優先效力之研究〉,《月旦法學教室》,元照股份有限公司,第 4 期,p. 12。

供人起居或出入之構造物而言❺。至於其他土地上之工作物，例如隧道、橋樑、鐵路、公路、紀念碑等均是，建築物僅是工作物之例示而已。至於此項工作物是否應符合定著物之要件，有認為不以具有獨立性之不動產為必要❺；不過從第 513 條第 1 項規定「承攬人得⋯⋯對於其工作所附之定作人之『不動產』，請求定作人為抵押權之登記」觀之，所謂的不動產，依民法第 66 條之規定，係指土地及其定著物，所以此項工作物應符合定著物之要件，以具有獨立性之不動產為必要❺；且在我國實務見解認為承攬人抵押權之標的物僅限於建築物或工作物(最高法院 87 年度第二次民事庭會議決議參照)後，應已無可採，蓋工作物如非獨立之不動產，不得成為物權客體❺。若是數人區分一建築物而各有其一部分者，必須該被區分之部分在構造上及使用上均具有獨立性，使得作為建築物區分所有權之客體❺。

　　所謂新建，係指原始的建造而言；所謂修繕，則係就既存的工作物為保存或修理而言，修繕的程度須達到重大始可，至於是否已達重大，應自具體客觀事實認定之，例如支付費用占工作物全部價值之比例、修繕部位在工作物之重要性，均可作為斟酌之因素❺。

二、須為承攬人因承攬關係所生之報酬額

　　本部分包括二項意義，第一，承攬關係的主體，須為與定作人訂約之承攬人；第二，承攬人抵押權擔保之債權，限於因承攬關係之報酬額為限。說明如下：

---

❺　參建築法第 4 條、最高法院 63 年第六次民事庭會議決議意旨。

❺　參楊與齡，〈承攬人法定抵押權之成立與登記〉，《民法物權實例問題分析》，五南圖書出版公司，90 年 1 月初版，p. 265；劉春堂，前揭《民法債編各論 (中)》，p. 78。

❺　參史尚寬，前揭《債法各論》，p. 336；高明發，前揭〈承攬之理論與實務〉，p. 243。

❺　參謝在全，前揭《民法物權論 (下)》，p. 4。

❺　參 88 年臺上字第 1708 號判決。

❺　參謝在全，前揭《民法物權論 (下)》，p. 4。

(一)承攬關係之主體

承攬抵押權之主體，須為與定作人訂約之承攬人，意即必須承攬人與定作人有直接關係，苟無此項關係，自不得主張有此項承攬人之抵押權存在。例如供給材料者，或擔任承攬關係之準備工作者（例如設計師、建築師），或非直接向定作人承攬，而僅與承攬人有承攬關係者（例如次承攬人、小包），均無本條規定之適用❻❹。且倘無承攬人與定作人之關係，亦不能依雙方之約定來成立承攬人之抵押權❻❺。至於房屋之預售，實務見解認為是買賣契約，則無承攬關係之建築商，均不是得主張有承攬人抵押權之人❻❻。

(二)承攬抵押權所擔保債權之範圍以報酬為限

承攬人之抵押權，亦是一種擔保物權，除其發生原因是出於強制外，其性質與一般的意定抵押權，尚無差異，須從屬於其所擔保之債權而存在。修法後，承攬人抵押權所擔保之債權，限於因承攬關係之報酬額者為限❻❼。所謂的報酬額係指由定作人提供材料，承攬人提供勞務，此時報酬即為承攬人提供勞務之代價，及實務上由承攬人與定作人約定之報酬，一般工程承攬合約所記載之工程總價額即足當之，主要係指承攬人對定作物所施勞力之報酬。但若是約定由承攬人提供材料之包工包料情形，依第 490 條第 2 項規定，材料之價額推定為報酬之一部，因此，該材料之價額自屬於報酬額，但若有反證證明該材料之價額應另外為計算者，此時材料之價額即不在承攬人抵押權擔保之範圍❻❽。報酬額之標的為金錢抑或實物❻❾均無不

❻❹　參謝在全，前揭《民法物權論（下）》，p. 4。

❻❺　參 61 年臺上字第 1326 號判例：「民法第五一三條之法定抵押權，係指承攬人就承攬關係所生之債權，對於其工作所負之不動產，有就其賣得價金優先受償之權，倘無承攬人與定作人之關係，不能依雙方之約定而成立法定抵押權。」86 年臺上字第 3142 號判決同此見解。

❻❻　參謝在全，前揭《民法物權論（下）》，p. 4。

❻❼　參謝在全，前揭《民法物權論（下）》，p. 4；邱聰智，前揭《新訂債法各論（中）》，p. 96。

可，至於承攬人是否全照承攬契約施工，以及工程有無尚待修補之瑕疵，均非所問**❻**。

　　承攬人抵押權所擔保之債權限於承攬關係之報酬額，乃是修法後所明文規定，不過有學者認為，此規定僅係抵押權登記債權數額時，以「約定報酬」為「登記」上限，該登記之約定報酬額並非法定抵押權擔保之對象，亦即承攬人之報酬請求權、損害賠償請求權、墊款償還請求權與因定作人遲延給付所生之債權等請求權，仍為法定抵押權擔保之對象，於承攬人行使法定抵押權時，僅於登記之約定報酬額為其擔保數額上限，就上述請求權受償，如此等請求權之數額高於登記之約定報酬額者，超過部分並非承攬人抵押權擔保效力所及；反之，如未超過登記之數額，則全部均為承攬人抵押權擔保效力所及**❼**。

三、須以工作所附之定作人之不動產為標的物

㈠承攬人之抵押權之標的，須為承攬人工作所附之定作人之不動產

　　抵押權之標的，依民法第 860 條之規定，限於不動產，於承攬人之抵押權，其情形亦然，且承攬人抵押權之不動產須屬於定作人所有，其標的範圍與一般意定抵押權更為狹窄，若非定作人所有，則不得對該不動產為抵押權設定之請求，例如承攬人修繕之房屋係定作人向他人承租，則承攬

---

❻　參高明發，前揭〈承攬之理論與實務〉，p. 254。

❻　參 48 年臺上字第 1874 號判例：「上訴人為被上訴人完成一建築物之工作，約定以被上訴人所有基地一處，移轉登記與上訴人所有，自係一種因承攬關係所生之債權，該基地既屬給付不能。則上訴人請求確認對於其工作物所附之定作人之不動產上有抵押權，要難謂與民法第五一三條之規定有所不符。」

❼　參 60 年臺上字第 454 號判決：「民法第五一三條所定之法定抵押權，係依法存於承攬人工作所附之定作人之不動產上，故只須承攬人所作之工作物已成為定作人之不動產。承攬人就承攬關係所生之債權，對於該不動產即有抵押權。至於承攬人是否全照承攬契約施工，以及工程有無尚待修補之瑕疵，可以不問。」

❼　參林誠二，前揭〈論法定抵押權新舊法之適用問題〉，pp. 88～89。

人即不得請求為抵押權之登記。

(二)承攬之工作如為建築物，有無及於建築物之基地

土地及其定著物各為獨立的不動產，所以若僅為房屋之重大修繕者，則承攬人抵押權之標的僅以該房屋為限，不包括基地在內，不問該基地是否屬於定作人所有❷。

至於承攬人所承攬之工作為房屋之新建，承攬關係報酬額，對於房屋部分有抵押權，應是無庸置疑的，不過房屋之基地是否亦為承攬抵押權效力所及，則有不同意見，有認為不動產包括土地及其定著物，因此若承攬人在定作人之基地上為定作人新建房屋時，則不僅新建之房屋，及其基地在內，亦應成為承攬人抵押權之標的，蓋因房屋是附於基地上之故也❸。不過另有認為，承攬之工作若為建築物之新建時，因為建築物乃是獨立之不動產，且其基地又非承攬所附之工作物，所以抵押權之標的亦僅限於建築物，不包括基地在內❹。

(三)承攬人於自己土地上以自己之材料為定作人建造房屋（製造物供給契約）

則承攬人對該房屋有無抵押權存在，有下列三說：

1.肯定說

此種建築物（不包括基地）之所有權，依承攬契約之本旨及當事人之

---

❷ 參鄭玉波，前揭《民法債編各論（上）》，p. 376。不過我國學者有採不同見解，認為承攬人抵押權之標的，亦應及於土地者，參邱聰智，前揭《新訂債法各論（中）》，p. 98。

❸ 參鄭玉波，前揭《民法債編各論（上）》，p. 376；邱聰智，前揭《新訂債法各論（中）》，p. 98。

❹ 參謝在全，前揭《民法物權論（下）》，p. 5。最高法院民國87年度第二次民庭總會決議：「承攬人承攬之工作既為房屋建築，其就承攬關係所生之債權，僅對『房屋』部分始有法定抵押權。至於房屋之基地，因非屬承攬之工作物，自不包括在內。」

意思，其所有權當然歸屬於定作人，所以承攬人對於建築物自應仍有抵押權存在❼。

2.否定說

此說認為該完成之建築物，屬於承攬人自己所有，自無成立承攬人抵押權之餘地，且承攬人既為建築物之所有人，已足以加以保護，無適用承攬人抵押權之必要❼。

3.折衷說

認為此種製造物供給契約，在新建之房屋及基地未移轉其所有權於定作人之前，故無承攬人抵押權之必要，然若一旦交付工作物並移轉其所有權於定作人之後，若報酬尚未經定作人給付者，自仍應承認承攬人在該建築物上（此時已為定作人所有）享有抵押權為宜❼。

四、須請求為抵押權之登記

依民法第 513 條之規定，承攬之工作為建築物或其他土地上之工作物，或為此等工作物之重大修繕者，承攬人得就承攬關係報酬額，對於其工作所附之定作人之不動產，請求定作人為抵押權之登記；或對於將來完成之定作人之不動產，請求預為抵押權之登記（第 1 項）。前述請求，承攬人於開始工作前亦得為之（第 2 項）。前二種之抵押權登記，如承攬契約已經公證者，承攬人得單獨申請之（第 3 項）。茲就本條規定分述如下：

(一)須經登記始生效力

依修法前的民法第 513 條之規定，承攬人的抵押權乃是法定抵押權，無須登記。但修法後，為了保護交易安全，故將承攬人的抵押權改為意定的性質，認為承攬人的抵押權須經登記始能成立。既然須經登記始能成立，

---

❼　參邱聰智，前揭《新訂債法各論（中）》，p. 98；劉春堂，前揭《民法債編各論（中）》，p. 81。

❼　參史尚寬，前揭《債法各論》，pp. 315～316、335。

❼　參鄭玉波，前揭《民法債編各論（上）》，pp. 376～377。

所以若將來完成之不動產無從為抵押權之登記者，例如違章建築，既非合法之建物，法律於此情形即無保護承攬人之必要，自不能認為有此項請求權存在 ❼❽ 。

只要承攬契約具備上述的三個要件，承攬人即取得請求登記之權利 ❼❾ ，所以此一請求權應是本於法律規定所生之債權 ❽⓪ 。若請求無效果者，須經訴訟後，由承攬人以其勝訴確定判決之正本申請登記 ❽① 。而本法為了預防承攬人可能為了取得抵押權而需浪費時間、勞力與費用與定作人進行訴訟，所以本條第 3 項規定，承攬契約若已經公證者，承攬人得單獨申請登記 ❽② 。

(二)請求登記之時期

承攬人請求為抵押權登記之時期，一般而言，應為承攬之建築物或工作物建築完成或修繕完成時，然依現行民法第 513 條之規定，須經登記承攬人之抵押權才會成立，所以若承攬人興建不動產時，於建物完成後承攬人尚未為抵押權登記前，定作人先與他人設定抵押權；或者承攬人為重大修繕時，若定作人於修繕期間先與他人設定抵押權，則縱使承攬人於工作完成後完成登記，由於其抵押權並無優先於其他抵押權之效力 ❽③ ，為避免

❼❽ 參高明發，前揭〈承攬之理論與實務〉，p. 259。
❼❾ 參邱聰智，前揭《新訂債法各論（中）》，p. 99。
❽⓪ 採法定抵押權說者有認為此乃本於抵押權之效力，故可請求為登記，參朱柏松，〈論不同抵押權之效力〉，《月旦法學雜誌》，元照股份有限公司，第 124 期，p. 188。
❽① 參強制執行法第 130 條第 1 項：「命債務人為一定之意思表示之判決確定或其他與確定判決有同一效力之執行名義成立者，視為自其確定或成立時，債務人已為意思表示。」
❽② 參民法第 513 條之修正理由：「按公證制度具有促使當事人審慎將事並達到預防司法之功能，倘承攬契約內容業經公證人作成公證書者，雙方當事人之法律關係自可確認，且亦足認定作人已有會同前往申辦登記抵押權之意，承攬人無庸更向定作人請求，爰增訂第三項，規定第一項及第二項之抵押權登記，如承攬契約已經公證者，承攬人得單獨申請登記。」
❽③ 但有例外，參民法第 513 條第 4 項之規定。

承攬人於工作中所付出之金錢可能因此無法獲得滿足，故本條第 1 項乃新增後段規定，使承攬人於工作中對於將來完成之定作人的不動產，請求預為抵押權之登記，以保障承攬人。為了更加確保承攬人之利益，民法第 513 條乃另外新增第 2 項規定，使承攬人於工作開始前亦得請求為抵押權之登記。

　　第 513 條第 1 項後段及第 2 項預為登記的規定，若是工作物的重大修繕，因已有獨立的不動產存在，為抵押權之登記固無問題；但若是工作物之新建時，為此登記，法理上就會產生疑義，蓋基於為使債權可以獲得確實的擔保，擔保之物必須於擔保物權成立、生效時特定而且存在為必要，以免擔保物權換價之功能無法實現[84]。所以此登記性質上應解為是「預先的」、「暫時的」登記，其目的只在於承攬人抵押權次序權的確保[85]，仍應待工作物完成後，承攬人的抵押權才能成立[86]。

　　至於將來工作物完成後，為建物所有權第一次登記時，是否須再為一次正式的登記？基於此項登記具有保全承攬人之特性，足以使承攬人於建物完成時所取得之抵押權，享有與預為抵押權登記時相同的次序，以及承攬人之抵押權於民法修正後，已從法定改為意定性質，所以在承攬人已預為登記的情況下，自以從速轉換為抵押權之登記為宜，並可避免二次相同登記程序之勞煩，以保障承攬人之權利，所以於建築物辦理第一次所有權登記時，應直接將之轉換為抵押權登記[87]。

(三)請求登記之內容

　　承攬人抵押權應登記的內容除權利人與義務人分別為承攬人與定作人

---

[84]　參朱柏松，前揭〈論不同抵押權之效力〉，p. 193。

[85]　參朱柏松，前揭〈論不同抵押權之效力〉，p. 193。

[86]　參謝在全，前揭《民法物權論（下）》，p. 10。

[87]　參謝在全，前揭《民法物權論（下）》，p. 22，所引註二十六之見解。不過有認為建築物為第一次所有權登記時，建築物之狀況並非必然與預為登記的情況完全相同，所以應再為一次正式登記，參朱柏松，前揭〈論不同抵押權之效力〉，p. 188。

外，抵押權之標的物為承攬工作所附的建築物或其他工作物，其所擔保之債權則為基於承攬契約所生之報酬額。此項報酬額之債權於承攬契約成立時即發生❽，不過報酬之給付是採後付主義（民法第 490 條、第 505 條），須待承攬人交付工作物定作人才給付報酬，所以此項抵押權所擔保之債權仍屬現在已發生之債權，對於承攬人抵押權之成立並不妨礙❽。

承攬人抵押權所擔保者乃承攬關係所生之報酬債權，係屬特定債權，故原則上應申請登記為普通抵押權，此在報酬債權是一次給付猶應如此，縱使於承攬契約僅估計報酬之概數者亦同，蓋此時債權仍屬特定，僅是債權額不確定而已；反之，若是在分期給付的情形，則可設定最高限額抵押權，以各期報酬債權之總額為最高額，蓋此際所擔保者可解為係多數不特定之債權❾。

報酬額經登記後，承攬人抵押權擔保之債權額即該登記報酬額之全數，不過若是在重大工程的情形，往往會有追加預算的情況，基於土地登記具有絕對的效力（土地法第 43 條），除非有變更登記的情形，否則追加的預算不在抵押權擔保的範圍內❾。若定作人已給付部分報酬，則登記之報酬額應以未付者為限，不過若是在承攬人持公證書單獨申請為抵押權登記的情形，實際上的報酬額與公證書所載金額不符，由於定作人並未在場，且地政機關僅憑書面資料即予登記，自然可能為不實債權之登記，此時只能由定作人依私權救濟程序解決之❾。

---

❽　參鄭玉波，前揭《民法債編各論（上）》，p. 382；史尚寬，前揭《債法各論》，p. 328。

❽　參謝在全，前揭《民法物權論（下）》，p. 11。

❾　參謝在全，前揭《民法物權論（下）》，p. 11。

❾　但登記若是採對抗效力說，則追加之預算仍在擔保的範圍內，可以優先於一般債權而優先受償，僅是不得對抗其他抵押權人。

❾　參謝在全，前揭《民法物權論（下）》，p. 11。

參、承攬人抵押權之效力

一、承攬人抵押權實行之程序

修正後承攬人之抵押權，已改採登記生效主義，倘若承攬人於其所擔保之債報酬權屆期而未獲清償時，承攬人即得聲請法院為許可強制執行之裁定，在具該裁定後請求執行法院拍賣抵押物，其實行的方法與一般意定抵押權相同。所以承攬人之抵押權具有不可分性，承攬之工作物如經分割，或讓與其一部分，或業經區分所有，承攬人仍得僅對於其中一所有物行使抵押權，其所有人不可主張按比例分別行使[93]。

又承攬人之報酬額是於抵押權登記時就已確定，縱不動產在工作進行中經法院查封後，承攬人繼續施工部分之報酬額，乃在實現原來登記之內容，此與最高限額抵押權之實行，以實際發生之債權為限，於查封後所發生之債權則不在擔保範圍，且查封後繼續工作對債權人（承攬人）與債務人（即定作人）均屬有利，仍應認承攬人得就其未受償之報酬全部實行抵押權而優先受償[94]。另外，若預為登記之不動產，如果工作物尚未完成，即遭法院查封，因此時該未完成部分，尚屬動產，自不能認為承攬人之抵押權發生效力，所以承攬人無從就該動產主張有抵押權而欲優先受償[95]。

承攬人於取得抵押權後，欲實行抵押權時是否應先經過登記，修法後因規定須經登記始能取得抵押權，所以不會有此問題，但由於修正後的民法第 513 條並無溯及效力（債編施行細則第 1 條），所以修正前的承攬人的

---

[93] 參最高法院 79 年第五次民事庭決議㈡：「甲承建乙所定作之房屋，為集合房屋大樓之全部，其本此承攬關係所生之報酬債權，依民法第八百七十五條所定：『為同一債權之擔保，於數不動產上設定抵押權，而未限定各個不動產所負擔之金額者，抵押權人得就各個不動產賣得之價金，受債權全部或一部之清償』之同一法理，自得就此項報酬債權之全部，依民法第五百十三條規定，僅對受讓其中一區分所有物之該他人行使法定抵押權。」

[94] 參高明發，前揭〈承攬之理論與實務〉，p. 263。

[95] 參高明發，前揭〈承攬之理論與實務〉，p. 263。

法定抵押權目前仍然存在，因而之前的爭議現在仍存在，有下列二說：

(一)登記說

承攬人於其債權已屆清償期而未受清償，為求優先受償而處分抵押物，及實行抵押權者，抵押權即因而消滅，自屬處分行為的一種。按依法律直接之規定取得不動產物權，與因繼承於登記前已取得不動產所有權者無異，依民法第 759 條之規定，非經登記，不得處分其物權，所以承攬人之法定抵押權未經登記前，自不得實行承攬人之抵押權❾❻。

(二)無須登記說

承攬人實行抵押權，係拍賣抵押物所有權，並非拍賣抵押權，故非抵押權之處分，自然無第 759 條之適用，不以先經登記為必要❾❼。只要承攬人之法定抵押權成立後，即可聲請許可為拍賣抵押物之裁定，不過由於法定抵押權未經登記，承攬人有無因承攬關係對定作人取得債權，不如有抵押權登記之擔保債權有國家做成之文件證明，所以承攬人聲請許可拍賣抵押物時，應提出相當之證據證明有擔保債權存在，若不能證明或定作人有爭執時，法院即不可為許可拍賣抵押物之裁定❾❽。

二、承攬人抵押權之競合

由於同一個不動產可以分別設定一個以上的抵押權，用以擔保數個彼此不同的債權。再加上強制執行法的規定，一旦不動產上的任一抵押權執行後，原則上其他各抵押權都應該隨同消滅❾❾。因此，這時承攬人抵押權

---

❾❻ 參 91 年臺抗字第 588 號裁定。

❾❼ 參孫森焱，前揭《民法債編總論》，pp. 896、1016；謝在全，〈民法第七五九條爭議問題研究〉，收錄於蘇永欽主編，《民法物權編》，五南圖書出版公司，民國 88 年初版，p. 1。

❾❽ 參謝在全，前揭《民法物權論（下）》，p. 13。

❾❾ 參強制執行法第 98 條第 3 項：「存於不動產上之抵押權及其他優先受償權，因拍賣而消滅。但抵押權所擔保之債權未定清償期或其清償期尚未屆至，而拍定

所擔保的不動產被拍賣後，拍賣所得金額扣去執行費用後該如何分給各抵押權人，便成為一個很好的問題。一般說來，學理上將這問題稱之為抵押權的優先效力，也就是哪一個抵押權人有優先獲得清償的權利，這問題對於拍賣價金無法完全清償所有抵押權所擔保的債權時顯得別具意義。

依民法第 865 條規定：「不動產所有人，因擔保數債權，就同一不動產，設定數抵押權者，其次序依登記之先後定之。」一般抵押權如就同一標的物上有數抵押權存在，其次序依登記之先後定之，抵押物拍賣之金額，依民法第 874 條之規定，按各抵押權人之次序分配之。但在修法前，由於承攬人之抵押權乃是法定抵押權之性質，只要符合法定要件無須登記即生效力，所以其與其他普通抵押權競合時，就會出現爭議，通說與實務是以成立之先後決定其順序⑩，但承攬人抵押權於修法後改採為意定抵押權性質，原則依民法第 865 條之規定定其順序，爭議不再。

承攬人抵押權發生抵押權競合時，原則上是依登記之先後定其順序，但有二種例外：

人或承受抵押物之債權人聲明願在拍定或承受之抵押物價額範圍內清償債務，經抵押權人同意者，不在此限。」

⑩ 參鄭玉波，前揭《民法債編各論（上）》，p. 377。63 年臺上字第 1240 號判例：「參照民法第八百六十五條規定，就同一不動產設定數抵押權者，其次序依登記（即抵押權生效）之先後定之之法意，被上訴人之法定抵押權，雖無須登記，但既成立生效在先，其受償順序自應優先於上訴人嗣後成立生效之設定抵押權。」本則判例與現行民法第 513 條規定不符，故於民國 91 年 8 月 20 日經最高法院 91 年度第 9 次民事庭會議決議不再援用。
最高法院 63 年度第 1 次民事庭庭長會議決定㈡：「同一不動產上設定有抵押權，又有民法第五百十三條所定之法定抵押權存在時，其順位應以各抵押權成立生效之先後為次序（法定抵押權於其所擔保之債權發生時即同時成立生效）。」本則決議於民國 95 年 5 月 16 日經最高法院 95 年度第 8 次民事庭會議決議不再供參考。

㈠增值限度內之承攬人抵押權有優先權

依照修法後民法第 513 條第 4 項規定：「第一項及第二項就修繕報酬所登記之抵押權，於工作物因修繕所增加之價值限度內，優先於成立在先之抵押權。」

修繕報酬所登記之抵押權，於工作物因修繕所增加之價值限度內，優先於成立在先之抵押權。蓋承攬人對工作物為重大修繕，使該工作物之價值可以保全，並而可增加其價值，但若該工作物上先前已設定有其他普通抵押權，則工作物增加之利益部分，可能盡歸成立在先的普通抵押權人，如此無異於以承攬人之資金清償定作人之債務，相當不公平。所以修法特別增訂本項規定，此項修正符合費用性擔保物權應優先於融資性抵押權原則❶，因此只要一經登記，即優先於其他成立在先的意定抵押權。至於工作物若有先後修繕之情形，後修繕所生之承攬人抵押權經登記後，仍應優先於先修繕所生之抵押權，否則無異以後修繕人之資金清償先修繕之債權；若次序相同者，則屬同一順序❷。

㈡國民住宅條例之法定抵押權

國民住宅條例第 17 條：「政府出售國民住宅及其基地，於買賣契約簽訂後，應即將所有權移轉與承購人。其因貸款所生之債權，自契約簽訂之日起，債權人對該住宅及其基地，享有第一順位之法定抵押權，優先受償。」以及第 27 條：「申請貸款自建之國民住宅，其因貸款所生之債權，自簽訂契約之日起，貸款機關對該住宅及其基地，享有第一順位之法定抵押權，優先受償。」基於該條例為民法之特別法，依特別法優先於普通法之法律適

---

❶　他法亦有類似規定，海商法第 25 條：「建造或修繕船舶所生債權，其債權人留置船舶之留置權位次，在海事優先權之後，船舶抵押權之前。」動產擔保交易法第 25 條：「抵押權人依本法規定實行占有抵押物時，不得對抗依法留置標的物之善意第三人。」

❷　參鄭冠宇，〈承攬人抵押權〉，《法學叢刊》，第 203 期，95 年 7 月，p. 10。

用原則，宜解為此項法定抵押權最優先，不問其成立是否於普通抵押權或承攬人抵押權之前❿。而且並沒有像民法承攬章節中將承攬人抵押權修正為登記要件，所以此種法定抵押權於債權發生時即成立，無須以登記作為成立要件。探究其原因，主要是因為這時國宅享有公共利益的介入，國宅買受人所享受的貸款利率已經遠比市面一般利率低，而其間的差額是由整體社會所支付⓿；所以，基於公益性的考量，有必要給予抵押權人比較優惠的待遇。

三、承攬人抵押權之拋棄

抵押權為財產權的一種，權利人任意予以拋棄，應無不可。但其抵押權若是與他人利益有關者，例如保證人與承攬人訂立保證契約就定作人履行報酬給付負保證之責，承攬人抵押權即與保證人之利益有關，此時承攬人即不得任意拋棄，蓋權利人不得以單獨行為妨礙他人之利益（民法第 764 條第 2 項）⓿。承攬人得拋棄抵押權之情形，於修正後，承攬人抵押權若已經登記者，固須經塗銷登記始生效力⓿；於未經登記者，則僅需向定作人為拋棄抵押登記請求權的意思表示即可，不過有問題的在於定作人與承攬人此種約定，僅具有債權之效力，無法對抗受讓債權後欲申請登記的第三人⓿。

但在修正前依法律規定所產生的法定抵押權，應如何拋棄始生效力？則有不同見解：

(一)須經登記說

此說認為，依繼承、強制執行、公用徵收或法院之判決，於登記前已

---

❿　參邱聰智，前揭《新訂債法各論（中）》，p. 104。

⓿　國家每年都有編列預算，針對國宅所放款的銀行，補貼其與一般市場間的利差。

⓿　參謝在全，前揭《民法物權論（下）》，p. 15。

⓿　參 74 年臺上字第 2322 號判例。

⓿　參鄭冠宇，前揭〈承攬人抵押權〉，p. 22。

取得不動產物權者，非經登記，不得處分其物權，民法第 759 條有明文。法定抵押權是基於法律規定而發生，故不待登記即生效力，惟法定抵押權之拋棄，是屬於處分行為，自須經登記後始得為之❿。

(二)不須登記說

此說認為，依民法第 758 條之規定：「不動產物權，依法律行為而取得設定、喪失、及變更者，非經登記，不生效力。」其反面解釋為，不動產物權非依法律規定而取得、設定、喪失及變更者，縱未經登記亦可發生效力，而法定抵押權乃是基於法律規定而生，所以其拋棄僅須向定作人為拋棄的意思表示即可❿。

上述二說應以第一說較可採，蓋登記具有公示作用，但若是承攬人與定作人約定拋棄抵押權後，定作人即可依此約定為抵押權之登記後再塗銷登記，若承攬人趁尚未辦理登記之機會，仍主張法定抵押權之效力，應認為有違誠信原則（禁反言原則），而予以駁回❿。

---

❿ 參謝在全，前揭《民法物權論（下）》，p. 15；姚瑞光，《民法物權論》，自版，78 年，p. 39。實務見解可參照 90 年臺上字第 457 號判決及 86 年臺上字第 3443 號判決。

❿ 實務見解可參照 86 年臺上字第 1007 號判決。

❿ 參謝在全，前揭《民法物權論（下）》，p. 16。實務見解可參照 92 年臺上字第 2744 號判決。

第五章

本編習題

案例⑪

潘金蓮有一棟祖傳的房子，市值約兩百萬，坐落在福沙村，但因無一技之長以致坐吃山空，積欠西門慶一百五十萬元，並設定一百萬元抵押與西門慶。不幸的是，該屋被酒醉駕車的小伙子達姆撞到房子半毀，經鑑價市值僅餘一百萬，求償無門，只好自己委請武大郎修繕房子主體結構，約定費用五十萬元，不過潘金蓮卻無力償還。修理後經鑑價市值尚逾一百二十萬元。不久，為求還債，便將房子出租予「軒軒」。惟，事實上該屋水管會漏水，於是軒軒便向潘金蓮反映希望能夠請人來修，屢次反映無效後只得自行僱請水電工「阿閒」修理，修理費用十萬元，不過軒軒拒絕支付該款。修繕完畢後該屋經鑑價市值為一百二十五萬元。請依序回答下列子題：

⑴武大郎得否請求為該屋法定抵押權登記？得優先受償額度為多少？不足額該向何人請求？

⑵阿閒得否請求為該屋法定抵押權登記？得優先受償額度為多少？不足額該向何人請求？

解析

　　本題中，潘金蓮和武大郎簽訂係以修繕房屋主體結構為標的的承攬契約（因為常理可知，以修繕房子主體結構為業的武大郎顯然不可能讓這工作還由潘金蓮指揮，而雙方契約重點顯然是希望武大郎修好，所以契約關係不會是僱傭，也不會是委任）；而軒軒和阿閐簽訂以修理水管為標的的承攬契約（因為常理可知，軒軒不太可能對「水管漏水」有任何了解，所以和潘金蓮和武大郎的契約一樣，雙方契約關係顯然是承攬）僅先說明。

　　因此，本案中武大郎與阿閐都是屬承攬契約之承攬人，所以本案主要答題重點為涉及民法第513條法定抵押權之登記要件，以此為據，分項回答上述兩問題：

　　⑴可。得優先受償之額度為二十萬。不足額應該向潘金蓮請求。

　　依照第513條的規定，負責房屋（不動產）重大修繕工程的武大郎自然可以向定作人潘金蓮請求為該屋法定抵押權設定登記。而因為修繕後房屋價值由一百萬增加為一百二十萬，因此，武大郎法定抵押權的優先受償額度依第513條為修繕後所增加之部分，即二十萬；於此二十萬的限度內優先於西門慶的意定抵押權。

　　然而，由於承攬的修繕報酬費用為五十萬，因此不足額尚餘三十萬元。就這三十萬元的部分而言，雖仍屬於法定抵押權之擔保範圍，優先於一般債權以及成立在後之抵押權；惟不受法定優先抵押權中的「優先」清償的保護，所以即便該屋拍賣後，仍應該扣除執行費用以及增值後優先受償的二十萬，顯然已經不足以清償西門慶所設定的一百萬元抵押；因此就拍賣後而言，武大郎幾無受清償之可能。由此可知，武大郎應該向承攬契約定作人潘金蓮請求。至於達姆部分，多半已經求償無門，也就沒有代位行使侵權行為損害賠償請求權的實益。

　　⑵否。無優先受償額度。不足額應該向軒軒請求。

　　由於依照第513條可知，法定抵押權的登記要件之一為限定設定標的

須為承攬標的，且承攬標的為定作人所有。所以，阿閜不可以請求為該屋法定抵押權登記；因此，自然也就沒有優先受償額度。至於修漏水水管到底算不算是屬該屋之重大修繕的範圍，恐怕已經無關緊要。

最後，不容否認的，出租人的確有修繕房屋的義務；只不過因為該修補漏水的承攬契約當事人是阿閜與軒軒，所以該契約的報酬自然應該向定作人軒軒請求。然而，阿閜可以依照第 429 條❶❷出租人有修繕之義務、第 430 條❶❸承租人得預為支付修繕費用，故今阿閜當軒軒怠於向潘金蓮請求時，得代位行使軒軒對潘金蓮的請求權❶❹。

---

❶❷　參民法第 429 條第 1 項：「租賃物之修繕，除契約另有訂定或另有習慣外，由出租人負擔。」

❶❸　參民法第 430 條：「租賃關係存續中，租賃物如有修繕之必要，應由出租人負擔者，承租人得定相當期限，催告出租人修繕，如出租人於其期限內不為修繕者，承租人得終止契約或自行修繕而請求出租人償還其費用或於租金中扣除之。」

❶❹　這部分其實和承攬的關聯性已經較為薄弱了，所以最好應該先充實民法債編各論中關於租賃的部分；因此，歡迎參考本系列叢書關於租賃的部分。

Hire
of Work

第 肆 編

承攬契約效力之
消滅

承攬契約效力的消滅，是指契約基於某些理由而導致這樣的契約對雙方不再具備拘束的效力；至於使其喪失拘束力的理由很多，最常見的就是雙方當事人彼此合意，同意共同終止契約，所以這時候契約消滅的理由是契約終止。除了基於雙方合意而終止契約外，導致契約效力消滅的理由往往還包含其他基於法律規定而喪失契約拘束力的「法定消滅事由」。

一般說來，承攬契約效力的消滅事由主要可分為契約終止、契約解除兩類；不過當承攬契約的工作物內容為船舶建造時，海商法則將破產視為是契約效力消滅的一種。由此而觀，本編要談部分係區分為契約終止、契約解除以及破產。

第 一 章
契約終止

終止契約是一般交易上常見的促使契約失去拘束效力的手段，它只能使契約自宣告終止時為起點，往後效力均為消滅，並無溯及之效力，也就沒有使契約自始歸於消滅的結果。所以定作人在承攬契約有效期間內，因為承攬人所為工作而受利益，是本於終止前有效之承攬契約而來，並不是所謂的無法律上原因，其和不當得利之要件不符。而終止契約後，不論定作人是否受有利益，承攬人如受有損害，僅得依民法第 511 條但書的規定，請求損害賠償，不生返還不當得利請求權相與競合之問題❶。承攬契約是否屬於繼續性契約固然尚有爭議，但通常承攬工作非經過相當時間無法完成乃屬於常態，所以民法債編各論中亦有關於承攬契約終止的相關規定。在承攬契約中，如同解除事由一般，可分為「法定」跟「約定」（協議）的終止權，也有所謂的「當然終止」（重大事由的終止），以及我們先前所談過的定作人隨時終止履行契約（定作人任意終止）的權利。

---

❶ 參 77 年臺上字第 69 號判決。

一、任意終止

通常而言，當事人雙方既然簽訂了契約，就應該受契約的拘束；除非有法定或特別約定的事由，否則是不能夠隨隨便便依任何一方當事人的意思，片面提出契約的終止，否則社會上的交易秩序豈非大亂？可是在承攬契約中，法律很特別的賦予定作人，在工作未完成前，依照民法第511條之規定，「工作未完成前，定作人得隨時終止契約，但應賠償承攬人因契約終止而生之損害」，因此定作人可以隨時終止契約。根據學者的見解，民法之所以規定定作人可以任意終止承攬契約，其理由已如先前所述，主要是因為，承攬契約訂立後的情勢變更，定作人可能認為承攬的工作就算完成對他應該也沒有太大的利益，或者甚至已經是不再需要這個工作或工作物了。所以定作人終止契約所附理由，即使不符合事實，也對於契約終止之效力不生影響❷。不過，定作人如果在工作未完成前，任意終止契約的話，依民法第511條之規定，應該要賠償承攬人因為定作人提前終止契約所發生的損害。也就是說，提前終止契約所發生的不利益，應該由定作人來承擔，也唯有這樣才符合公平的原則❸。然而本條所謂的損害賠償意義為何？於終止契約後承攬人是否有報酬請求權？學說與實務上均有不同見解，說明如下：

(一)損害賠償請求權之意義

此損害賠償請求權，有認為是定作人應賠償承攬人已支出之費用，並賠償其可能的利益❹；有認為契約在終止前，其契約仍為有效，所以此賠償請求權應包括已為工作部分之報酬及賠償承攬人未完成部分應可取得之利益❺；不過通說認為僅止於未完成部分之可得利益，至於報酬請求權，

---

❷ 參82年臺上字第315號判決。

❸ 參92年臺上字第337號判決。

❹ 參戴修瓚，前揭《民法債編各論》，p. 188。

❺ 參史尚寬，前揭《債法各論》，p. 337。

為另外一個問題，不在損害賠償的範圍內❻。以上三說應以第三說為可採，終止契約僅是使契約向將來失其效力，終止前已完成部分承攬人仍有報酬請求權，故民法第 511 條的損害賠償請求權自不包括報酬，故第二說並不可採；而承攬人因終止契約所受損害，因在工作本身，而非在其為了完成工作所支出之費用，故第一說亦不可採。

　　而此損害賠償請求權之範圍為何？應係指承攬人就未完成之工作所應得之報酬扣除免為給付所得之利益，包括承攬人因契約終止後所節省之費用，或轉向他處服務所取得，或故意怠於取得之利益，均應扣除，視為契約所失利益，關於民法第 216 條之規定：「損害賠償，除法律另有規定或契約另有約定外，應以填補債權人所受損害及所失利益為限。依通常情形或已訂之計畫、設備或其他特別情事，可得預期之利益，視為所失利益。」亦有適用❼，解釋上其數額最多應以不超過該未完成部分如完成時原定之報酬為限，對該給付範圍若有爭議，應由承攬人負舉證責任，而承攬人承攬工作一般都是以營利為目的，若未能證明所主張因承攬本件工作之利潤為多少時，法院可參考財政部所頒布之同業利潤標準，或送請有關機關鑑定工程施工之成本等，以酌訂其因終止租約所未能獲取之利潤損失❽。又當事人若能證明其受有損害，但不能證明其數額或證明顯有重大困難時，依民事訴訟法第 222 條第 2 項之規定，法院應審酌一切情況，依所得心證定其數額，不能以其不能證明數額就駁回其訴❾。

---

❻　參鄭玉波，前揭《民法債編各論（中）》，p. 392；邱聰智，前揭《新訂債法各論（中）》，p. 127；劉春堂，前揭《民法債編各論（中）》，p. 104；王澤鑑，〈不當得利制度與衡平原則〉，收錄於《民法學說與判例研究㈤》，自版，82 年 9 月 8 版，p. 187。

❼　參陳聰富，〈工程承攬契約之成立、解除與終止〉，《臺灣本土法學雜誌》，第三期，pp. 177～178；最高法院 88 年臺上字第 3115 號判決。

❽　參高明發，前揭〈承攬之理論與實務〉，p. 381。

❾　最高法院 86 年臺字第 1181 號判決。

㈡承攬人於終止契約後是否有報酬請求權

　　定作人終止契約後，承攬人有無報酬請求權呢？有認為在承攬契約，承攬人原則上要完成承攬契約所定工作，始有報酬請求權（民法第 490 條、第 505 條），有所謂工作是指整個工作而言，工作既未完成，則承攬人當無報酬請求權，故採此見解者認為，民法第 511 條的損害賠償請求權包括報酬在內，故其消滅時效依民法第 514 條亦僅只有一年❿。惟通說認為已完成的部分應有報酬請求權，蓋如前所述，契約終止僅是向將來失其效力，而承攬既可依工作之部分完成而交付，性質上自不宜否認部分完成之概念，事實上工作部分完成對定作人為有用者，亦屬常態，何況任意終止權僅有定作人有之，承攬人則無，故定作人就已完成之部分而給付報酬，亦與法理不相違背，至於報酬額應以完成部分所生利益為限⓫。既然契約終止前所完成的工作利益，承攬人可以本於承攬契約主張報酬請求權，則承攬人自不能主張不當得利請求權⓬。惟參酌民法第 505 條第 2 項、第 509 條之意旨，定作人若能證明承攬人不能完成工作，或者已完成部分對定作人毫無利益可言，則定作人可以拒絕給付報酬，蓋與完成工作之意旨不符⓭。

　　況且，承攬人承攬工作之目的，主要就是要獲得報酬，民法既然規定在工作未完成前，定作人可以隨時終止契約，但因為在承攬契約終止前，原承攬契約仍屬有效，因此定作人應賠償因契約終止而生之損害，其範圍應包括承攬人已完成工作部分之報酬及其就未完成部分應可取得之利益，但應扣除承攬人因契約消滅所節省之費用及其勞力使用於其他工作所可取得或惡意怠於取得之利益。依該條規定，因契約終止而生之損害，係指定作人於承攬人工作未完成前，如認工作之繼續進行，對其已無利益時，得

---

❿　最高法院 78 年臺上字第 779 號判決。

⓫　參邱聰智，前揭《新訂債法各論（中）》，p. 128；最高法院 74 年臺上字第 1769 號判決。

⓬　參王澤鑑，前揭〈不當得利制度與衡平原則〉，pp. 188～192。

⓭　參邱聰智，前揭《新訂債法各論（中）》，p. 128。

不定期限、不具理由隨意終止契約，但為保護承攬人因定作人隨意終止契約所可能遭受之不利益，故賦予承攬人損害賠償請求權，其目的在於節省承攬人為繼續完成對定作人已無利益之工作所為之投資，以便將來經由損益相抵的計算減輕定作人之給付義務。若定作人係以承攬人有違反契約目的之行為，以之為可歸責之重大事由終止契約，即與民法第 511 條規定有間，而無該條之適用❶。

由此可知，承攬人依民法第 511 條規定，得請求定作人賠償之損害，應包括因定作人隨時終止契約而生之積極損害及消極損害而言❶。因此，承攬人就未完成之工作所應得之報酬扣除因免為給付所得之利益，是為契約終止所失利益，應該依照民法第 514 條第 2 項❶所規定，於一年期間內請求賠償。

此外，若定作人依法終止承攬契約後，承攬人就已完成工作部分之報酬，也應包括在民法第 511 條但書所定之損害賠償範圍內，而其損害賠償請求權，依照民法第 514 條第 2 項規定，自其原因發生後一年間不行使而消滅❶。

---

❶ 參 92 年臺上字第 2114 號判決。

❶ 參 48 年臺上字第 1934 號判例：「查本件被告於承攬工作未完成前於 87 年 10 月 1 日終止系爭承攬契約，依民法第五百十一條但書之規定，原告自得請求被告賠償其損失。按『損害賠償，除法律另有規定或契約另有訂定外，應以填補債權人所受損害及所失利益為限。依通常情形，或依已定之計劃、設備或其他特別情事，可得預期之利益，視為所失利益。』民法第二百十六條定有明文。次按民法第二百十六條第一項所謂所受損害，即現存財產因損害事實之發生而被減少，屬於積極的損害。所謂所失利益，即新財產之取得，因損害事實之發生而受妨害，屬於消極的損害。本件被上訴人以上訴人承攬之工程違約未予完成，應另行標建，須多支付如其聲明之酬金，並非謂房屋如已完成可獲轉售之預期利益，因上訴人違約而受損失，是其請求賠償者，顯屬一種積極損害，而非消極損害。」

❶ 參民法第 514 條第 2 項：「承攬人之損害賠償請求權或契約解除權，因其原因發生後，一年間不行使而消滅。」

❶ 參 78 年臺上字第 779 號判決。

二、當然終止

所謂的當然終止，是指當法律所規定的要件經觸發後，契約便當然終止。而就承攬契約而言，規範依據為民法第 512 條❶。

因此，承攬契約當然終止的意義，就是在於任一方對於他方根本不用為終止契約的意思表示，承攬契約即自終止事由發生時的時間自動的向後消滅。至於終止後的法律效果，定作人就已經完成的工作對其有利的部分有受領的義務，而承攬人或其繼承人得對定作人請求相當的報酬，如果材料是由定作人提供而且尚有剩餘的情況，承攬人或其繼承人並應負責返還。

三、合意終止

基於民事法自治的原則，承攬契約關係自然可以由承攬人及定作人雙方另以約定協議提前終止之；而終止後關於雙方如何回復原狀的法律關係，如報酬給付範圍、未完成工作（工作物）的點交、賠償方法等，通常已於契約訂立時或協議終止時同時約定之。

因此也可以認為所謂的合意終止，無異是當事人另行訂立一個新契約，而新契約的內容便是如何「善後」舊契約。

由於契約解除要件多半較為嚴格，因此終止契約是一般交易中常見的促使雙方不再受契約拘束的手段。但是對於終止後所可能衍生的糾紛問題，仍然必須予以注意，而不能認為只要終止契約雙方便不再受拘束。相對的，契約終止往往很可能只是讓雙方廢除舊的拘束，並利用終止善後所帶來新的拘束來尋求自己更有利的地位。

---

❶　參民法第 512 條第 1 項：「承攬之工作，以承攬人個人之技能為契約之要素者，如承攬人死亡或非因其過失致不能完成其約定之工作時，其契約為終止。」

第二章

契約解除

　　契約解除，是法律規定使契約消滅的方式之一，並不是僅止於承攬契約；而且一經解除後契約之當事人就從訂定契約當時起即不受契約效力之拘束（不過仍有回復原狀或損害賠償的問題），所以解除權屬於民法總則中的「形成權」。而解除跟終止同樣都是使契約提前消滅的手段之一，關於兩者最主要的區別在於，終止只是在效力發生後從這個時點「向後」消滅契約的效力，如同先前所述，是讓契約自雙方終止時效力才宣告消滅；而解除則是宣告解除後契約便「溯及」自訂約時即消滅。

　　通常而言，民法中有關於解除的規定，可以區分為「法定解除權」及「約定解除權」兩種。所謂「法定解除權」是因為法律規定在特別事由發生時，賦予當事人解除契約的權利。而在承攬契約中，基於某些狀況的公平性考量，因此有時候必須賦予定作人法定解除權，相對地，有時候則是賦予承攬人。

　　屬於定作人的解除事由，包含了下列三種理由：

一、基於工作物瑕疵而未能進行瑕疵修補[19]

　　由前面所談可知，承攬人負有交付無瑕疵工作物的義務，如果工作物有瑕疵，承攬人原則上負有修補的義務。因此，倘若瑕疵甚為重要，而又不能除去時，這樣的工作物對定作人而言當然不具任何利益，所以自然要賦予定作人解除契約之權。

---

[19]　參民法第 494 條：「承攬人不於前條第一項所定期限內修補瑕疵，或依前條第三項之規定拒絕修補或其瑕疵不能修補者，定作人得解除契約或請求減少報酬。但瑕疵非重要，或所承攬之工作為建築物或其他土地上之工作物者，定作人不得解除契約。」

二、完成工作的時間上遲延❷⁰

有時承攬契約訂立時，雙方會將工作的完成期限作為契約內容的條款之一，這時工作能否準時完成對定作人影響甚鉅；時間因素甚至很可能就是定作人當初和承攬人簽約的重要原因或主要考量。所以，倘若不能準時完成，這時候契約對定作人也就不具備任何意義，自然可以解除。不過對於承攬人是否可以準時完成工作，應取決於客觀標準與當時實際狀況。

三、實際報酬超過事前預估概數甚鉅❷¹

我們前面也有提到❷²，承攬契約是存在有雙方事先僅約定大概報酬額的情況。如果事後因為不可歸責於定作人的原因而導致報酬暴增，這時因為定作人原先簽約的考量已經不在，應賦予解除之權為宜。

至於屬於承攬人的解除事由則只有一種，即定作人本身違背完成工作的協力義務❷³。若工作的實踐必須有賴定作人本身的協力義務時，例如約定室內裝修，定作人理所當然必須幫忙開門，否則契約無法繼續執行，也就不具備任何意義，解除也是必然。

承攬契約，在工作未完成前，依照民法第 511 條規定，定作人雖然可以隨時終止契約，但除非有民法第 494 條、第 502 條第 2 項、第 503 條所定情形或契約另有特別約定外，若容許定作人依一般債務遲延之法則解除

---

❷⁰　參民法第 502 條第 2 項：「前項情形，如以工作於特定期限完成或交付為契約之要素者，定作人得解除契約，並得請求賠償因不履行而生之損害。」

❷¹　參民法第 506 條：「訂立契約時，僅估計報酬之概數者，如其報酬因非可歸責於定作人之事由，超過概數甚鉅者，定作人得於工作進行中或完成後，解除契約。前項情形，工作如為建築物或其他土地上之工作物或為此等工作物之重大修繕者，定作人僅得請求相當減少報酬，如工作物尚未完成者，定作人得通知承攬人停止工作，並得解除契約。」

❷²　參本書第參編第一章。

❷³　參民法第 507 條第 2 項：「定作人不於前項期限內為其行為者，承攬人得解除契約，並得請求賠償因契約解除而生之損害。」

契約，因承攬人已經耗費了勞力、時間與鉅額的資金，無法求償，對承攬人較為不利，而且也不公平。而如果有可歸責於承攬人之事由，導致工作不能在約定的期限內完成的話，除了雙方當事人特別約定以工作必須在特定期限完成或交付作為契約之要素外，依照民法第 502 條第 2 項的反面解釋，定作人不得解除契約。一般情形，期限本來就不是契約的要素，所以定作人可以解除契約的情況，應該限於工作的內容客觀性質上為期限利益行為，而且經當事人約定承攬人須於特定期限完成或交付者，才有適用❷。

最後談到雙方如解除契約時，依照民法第 259 條之相關規定，雙方當事人彼此互負回復原狀的義務，除法律另有規定或契約另有訂定外，如受領之給付為勞務或為物之使用者，由於其性質本身不具有回復原狀的可能，所以自然只能依照受領時之價額，以金錢償還之。

---

❷　參 89 年臺上字第 2506 號判決。

第三章

破　產

　　所謂破產，是指當事人依照破產法要件，進行破產宣告；一般說來，破產宣告的最重要意義有二，一是破產人將喪失行為能力，二是破產人所有財產都將組成破產財團，所有債權債務等契約關係原則上都為有效，而將交由管理人處理。因此，通常情況下，破產人受破產宣告前和第三人所簽訂的任何契約，都不至於導致彼此契約效力消滅，承攬契約當然也不例外❷。

　　不過，若承攬契約關係是以建造船舶為契約工作內容時，因為海商法第 10 條❷的規定，而使承攬人破產成為發生承攬契約消滅的事由。依照該條規定，船舶建造中，承攬人破產而破產管理人不為完成建造者，船舶定造人，得將船舶及業經交付或預定之材料，照估價扣除已付定金給償收取之，並得出資在原處完成建造；惟，若使用船廠應給與報償。

　　這主要是因為承攬人一旦被進行破產宣告，破產人的債權人有權依破產程序受償，所以破產管理人此時得斟酌情況終止承攬契約，而成為承攬關係消滅之間接原因。因此，值得注意的是，破產並不當然成為承攬契約消滅的事由，而應該是當破產管理人決議解除承攬契約時，契約才消滅。至於此時消滅的法律效果，應該是終止，而非解除，所以定造人享有將船舶及業經交付或預定之材料，照估價扣除已付定金給償收取的權利。若雙方對於業已交付的部分或材料本身的價值有所爭執，則應該依循司法程序，經由調解、仲裁或法院訴訟的方式處理。

---

❷　參邱聰智，前揭《新訂債法各論（中）》，p. 129。

❷　參海商法第 10 條：「船舶建造中，承攬人破產而破產管理人不為完成建造者，船舶定造人，得將船舶及業經交付或預定之材料，照估價扣除已付定金給償收取之，並得自行出資在原處完成建造。但使用船廠應給與報償。」

如果是定作人在承攬關係存續中破產，此時承攬人雖然可以依民法第265 條關於不安抗辯權的規定，請求定作人對待給付或提出擔保，但定作人既已破產，能履行此一條件的情形應該極為罕見，因此承攬逾於經相當期間催告後也可以依民法第 254 條規定解除契約，其所造成的結果無異是承攬關係消滅的間接原因。

第 四 章

本編習題

 案例

李逍遙歷經千辛萬苦，終於娶得趙靈兒。為了舉行婚禮，他們特地拜託編織與刺繡手藝超群的王大媽織嫁紗，並約定必須在嫁紗上衣前繡龍鳳，坎肩上繡鳳凰，酬勞十萬元。不過當王大媽刺完上衣和裙襬後，卻不小心被壞蛋打成失明，無法再繼續工作，導致坎肩上的鳳凰尚未動工，但是坎肩本身已經編織完成。

請依序回答下列子題：

⑴李逍遙和趙靈兒該怎麼辦？他們可不可以不用付這十萬元，然後再另請高明？

⑵王大媽對於李逍遙和趙靈兒的要求，有什麼法律上的主張可以讓自己損失降到最低？

解析 ┈┈┈┈┈┈┈┈┈┈┈┈┈┈┈┈┈┈┈┈┈┈┈┈┈┈┈┈┈┈┈┈┈┈┈┈

　　本案中，李逍遙和趙靈兒拜託王大媽作嫁衣，約定十萬元，其性質為有償契約，又由於王大媽對於工作本身應享有絕對自主權，因此契約性質為承攬契約。以此為據，分項回答上述兩問題：

　　⑴可。依民法第 512 條第 1 項主張契約終止。

由於本案中，李逍遙和趙靈兒是因為王大媽本身超群的手藝才會和王大媽簽約，所以是以承攬人個人之技能為要素的承攬契約。因此，一旦王大媽無法親自完成工作，即符合第 512 條第 1 項規定；至於王大媽失明是否是因為自己造成則在所不問。

因此，即便王大媽的失明是壞人所害，李逍遙和趙靈兒仍可以依第 512 條第 1 項主張契約終止，終止後自然無須再依照原先的約定支付十萬元。

(2)依照第 512 條第 2 項主張就已完成的部分請求受領，並請求支付相當的報酬。

雖然王大媽失明而致工作無法繼續完成，但是先前已完成的上衣和裙襬，甚至是已經織完的坎肩，都具備一定的正面經濟上實益。不僅如此，對於正準備結婚的李逍遙和趙靈兒來說，當然是有用的，完全符合第 512 條第 2 項的規定。

因此，王大媽可以依照第 512 條第 2 項，請求李逍遙和趙靈兒受領已經完工部分的嫁衣，並要求支付相當價值的報酬；而李逍遙和趙靈兒無正當理由不得拒絕。

Hire
of Work

第伍編

合建、委建與承攬

委建常見於都市地區，合建則常見於新興都市開發地區，而且實際牽涉的標的金額都相當龐大，產生糾紛後也往往因為不動產的特性導致對契約雙方產生相當大的困擾，土地、資金可能閒置數年都不能使用，損失的不僅是這段時間的費用，甚至可能會因此錯失投資時機。因此，希望藉由本編之介紹而對委建、合建有比較詳盡的認識，以避免日後交易糾紛的產生。

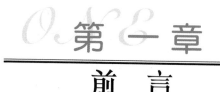

第一章

前　言

　　由於臺灣地狹人稠，而過於稠密的人口勢必導致不動產價格普遍偏高，以至於一般市井小民未必有能力購置房產；又，高昂的土地單價也促使委由建商建屋的單純承攬不易實行。因此便演變出許多其他基於承攬而衍生的變形契約，其中又以委建和合建契約為常見，而此兩者之共通點在於雙方契約成立前並沒有房舍，所有房屋都是事後再興建。

　　然而委建、合建和承攬到底有什麼關係？以及為何在交易關係中，除了承攬類型外，又衍生出委建與合建的變形契約型態？價格偏高是否是唯一的因素？在此先藉由實際生活案例予以說明。

案例一

　　丁先生和太太辛苦了數年，決定存點錢買個房子，安置自己溫暖的家。這時丁家可能會有幾種選擇呢？

一、買現成的房子

這是常見的交易方式，買現成的房子須面臨購買新屋或舊屋的選擇；但現成的新屋多半較貴，而新婚夫婦未必能支應這麼大的一筆錢；反之，如果是舊屋卻只能看機緣，所找到的舊屋未必符合丁家自身的需求。這時契約的性質為單純的買賣。

二、購買預售屋

預售屋是許多購屋族的選擇，不單是因為它是新屋，其也比較容易符合自己的需求；更重要的是由於房屋尚未完工（甚至尚未動工），所以購置的成本相對較低，丁家往往只需要準備少額的頭期款就可以購買，其他部分則由分期付款代替❶。

雖然預售屋買賣的法律關係種類相當多，但是利用委建契約的交易方式已扮演著相當吃重的分量。而且，利用委建契約可以節省稅金與規費❷，也是昔日委建契約盛行的原因之一。

案例二

> 阿國有一塊祖傳的土地，他在上面種田、養雞鴨，每天辛苦工作卻因為家中有重病老母，以致必須四處籌措醫藥費與看護費，沒辦法享受寬裕的生活。後來隨著都市的發展，他的土地被快速道路閘道所連結，地目也可能會變更為建地，其價值逐漸水漲船高。因此他便希望在自己土地上蓋房子，並賣掉換錢，好

---

❶ 參林永汀，《房地產法律談續㈢篇——預售房屋》，永然文化出版股份有限公司，81 年 3 月，p. 13。

❷ 參蘇盈貴，《不動產法律淺析㈠》，書泉出版社，81 年 9 月，p. 8。

解決目前的經濟壓力。這時阿國可能會有幾種選擇呢？

一、自己負責興建房舍、自己負責銷售

這是從生產到銷售都自己全包的作法。阿國可以委請建商在自己土地上蓋房子，之後再直接向大眾銷售，當然也可以選擇賣給建商或委託建商銷售。

但是問題是阿國家本來經濟狀況就不好，他哪有資金去請建商蓋房子？即便他利用土地去抵押向銀行貸款獲得資金，問題仍然接踵而至，其主要是因為阿國是一個種田人家，對於房地產和營建業都不了解，本身並不具備監督建商興建和行銷房屋所需的相關技術和能力，也不像建商有良好銷售管道和經驗，很可能到頭來反而欠了一屁股的債。

至於委請建商在自己土地上蓋房子的行為，它的契約性質是承攬契約。委託建商銷售的行為則可能是委任或經銷，也可能是和承攬一起視為複合性質的無名契約。

二、將土地售予建商

既然阿國沒錢又沒技術、能力，沒有辦法自己蓋，那只好把土地賣給建商，由建商去承擔所有風險。

雖然這樣的風險比較小，但相對地建商也不太可能開出阿國所滿意的價碼。對建商而言，由於買賣土地需要一口氣支付大筆價款，造成資金調度上的不便，同時還必須獨立承擔房屋興建中這數年內市場變化的風險，因此，即便阿國想賣，建商也未必願意買。此時契約的性質是單純的買賣契約。

三、與建商共同合作

這可以避免上述缺點，由阿國出土地，建商負責興建，蓋好房屋後由

建商負責銷售，也可以大家協議分配戶數。

這種雙方共同合作的契約，即是房地合建契約，不過所謂的房地合建契約的法律性質到底為何？待之後將予以詳加說明。

最後，在進入討論委建和合建前，由於實務上與學理上都一致以建物的所有權變動作為認定合建契約與委建契約性質的方式。然而，建築物的所有權卻又往往以建照和使用執照等文件作為判斷標準，因此，為有助於了解建物權利的移轉時點，我們先對建物的建造流程與相關手續文件之間的關聯性做簡單介紹。

建物建造流程圖：

決議蓋房子
↓
申請建照 ❸
（起造人名義）
↓
核發建照
↓
動工
↓
驗收 ❹
（勘驗）
↓
請領使用執照 ❺

---

❸ 建照即指建築執照，係由興建人依據建築法規，合法建築於建築前應送交主管機關審核，之後方可興建。參建築法第 78 條：「申請建物所有權第一次登記前，應先向登記機關申請建物第一次測量。」

❹ 所謂驗收和勘驗，主要是指在建築物興建中或興建完後，基於公共安全與使用者人身財產安危的考量，而由政府以強制介入的方式，強行檢驗建物是否依照所核准的式樣進行施工。參建築法第 56 條第 1 項：「建築工程中必須勘驗部分，應由直轄市、縣（市）主管建築機關於核定建築計畫時，指定由承造人會同監造人按時申報後，方得繼續施工，主管建築機關得隨時勘驗之。」

❺ 使用執照是指建物完工後，經該地主管機關驗收後所合法之許可使用執照；須憑該執照方可請求地政機關為建物第一次總登記。參建築法第 28 條：「建築執

↓
核發使用執照
↓
建物第一次總登記❻
↓
（他項權利簿登記）

　　除了上述流程圖外，我們尚應該了解所謂的起造人名義。起造人名義，是指於建築執照上起造人欄所載之人，由字面意義可知，是用以表彰房屋是由何人所起建。由於此時房屋尚未實際完工，當然也不至於有登記簿的存在，因此，起造人名義在法律上所衍生的意義係用以載明該建物之原始所有關係❼，可協助我們確認該建物於尚未完成土地登記時之所有權，這點已成為論理學術上和審判實務上所公認。但這並不是絕對的判斷標準❽，在法院實務上仍然有以房屋實際出資興建人認定為所有人，而非以形式上的起造人認定為所有人的例子。由此可知，起造人名義其實只是建築許可執照的一部分罷了，但對於討論區分建物的所有權關係上卻有著一定程度的重要性。更有甚者，在形式上紛爭處理過程時，起造人名義往往成為優先判斷所有權人的依據。

照分為左列四種：一　建造執照：建築物之新建、增建、改建及修建，應請領建造執照。二　雜項執照：雜項工作物之建築，應請領雜項執照。三　使用執照：建築物建造完成後之使用或變更使用，應請領使用執照。四　拆除執照：建築物之拆除，應請領拆除執照。」

❻　建物第一次總登記是指建物完工後或接收新地區後，依照土地法與土地登記法規（主要是土地登記規則），而首度載於土地登記簿上之登記程序，亦所謂保存登記。目的在於正式取得土地登記之地位以便日後更為他項權利登記。參土地法第 37 條第 1 項：「土地登記，謂土地及建築改良物之所有權與他項權利之登記。」建築法第 78 條：「申請建物所有權第一次登記前，應先向登記機關申請建物第一次測量。」

❼　參蘇盈貴，前揭《不動產法律淺析㈠》，p. 6。參土地登記規則第 78 條：「申請建物所有權第一次登記前，應先向登記機關申請建物第一次測量。」

❽　參林永汀，前揭《房地產法律談續㈢篇——預售房屋》，pp. 268～275。

也因為如此，以往稅務機關「習慣上」均認為所謂的起造人名義變更即「等同」於不動產產權的移轉，而必須課徵該不動產的契稅❾。由於實際上變更起造人名義時，該不動產可能根本未完工，或甚至連動工都沒有，因此此見解實際上受到諸多質疑，以至於日後稅務機關變更既有見解❿。然而，姑且不問當時此舉是否合理，建設公司為求節約成本，省去為數可觀的契稅⓫與變更所需的規費⓬，往往會利用虛假的方式登記起造人⓭。

---

❾ 參契稅條例第 2 條：「不動產之買賣、承典、交換、贈與、分割或因占有而取得所有權者，均應申報繳納契稅。但在開徵土地增值稅區域之土地，免徵契稅。」

❿ 參契稅條例第 14 條：「有下列情形之一者，免徵契稅：……五 建築物於建造完成前，其興建中之建築工程讓與他人繼續建造未完工部分，因而變更起造人名義為受讓人，並以該受讓人為起造人名義取得使用執照者。」

⓫ 契稅稅額為契約交易標的價值的百分之二至百分之六，因此若雙方當事人簽訂買賣一棟價值一千萬的房子，那麼合法的公民便應該繳納六十萬契稅。參契稅條例第 2 條：「契稅稅率如下： 一 買賣契稅為其契價百分之六。二 典權契稅為其契價百分之四。三 交換契稅為其契價百分之二。四 贈與契稅為其契價百分之六。五 分割契稅為其契價百分之二。六 占有契稅為其契價百分之六。」

⓬ 一般而言，就土地等不動產進行設定、變更或圖銷等登記行為都必須依法繳納一定的規費。規費一般公法學者均認為是屬於一種具備對待給付性質的政府收入，與前面的契稅等稅賦性質並不相同。因此，可以把它視為政府因為幫你進行不動產設定、變更或圖銷等登記行為而收取的手續費。參土地法第 65 條：「土地總登記，應由權利人按申報地價或土地他項權利價值，繳納登記費千分之二。」併參土地登記規則第 46 條第 1 項：「土地登記，應依土地法規定繳納登記規費。登記費未滿新臺幣一元者，不予計收。但有下列情形之一者，免繳納： 一 抵押權設定登記後，另增加一宗或數宗土地權利為共同擔保時，就增加部分辦理設定登記者。二 抵押權次序讓與登記。三 權利書狀補（換）給登記。四 管理人登記及其變更登記。五 其他法律規定免納者。」建築法第 84 條：「建物所有權第一次登記，除本節規定者外，準用土地總登記程序。」

⓭ 一般房地合建和委建契約中，建商針對建照的處理方式有以下幾種可能產權類型：
㈠各自依約分所得，並各以自己所分得之部分請領建照。

而這樣的行為即便不屬於逃漏稅❶❹，至少構成租稅規避的要件❶❺。由於建商往往變更起造人姓名目的僅止於免除移轉不動產的稅費，背後根本不具備其他實質上的交易目的，因此應符合「濫用私法自由權利，進而達到規避稅捐義務的目的，這樣的行為常常是利用不正當的脫法行為來完成」❶❻，本質上即相當於租稅規避行為。

　　然而，此租稅規避行為不僅不可取，也可能構成相關租稅法律的違反；因此，實際上建商不僅無法保有規避稅捐所獲得的利益，更可能會因為蓄意違反稅法而構成其他租稅法上的處罰。就無法保有規避稅捐所獲得的利益部分而言，由於實質課稅原則❶❼均已成為學說與稅務機關所恪守的定理

　　㈡共同請領建照，完工後再移轉。

　　㈢全部以地主請領建照，完工後再和基地一同移轉。

　　㈣全部以建商請領建照，完工後再相互移轉。

❶❹　逃漏稅，又有稱為逃稅、漏稅或逃漏稅捐。一般而言，逃漏稅捐乃是對於滿足課稅要件之事實，全部或部分予以隱匿的行為。

❶❺　租稅規避又可稱稅捐規避（Steuerumgehung），其在稅法上雖然並沒有明文規定加以定義，惟其係指利用私法自治以及契約自由原則，對於私法上法形成之選擇可能性，從私經濟交易之正常觀點來看，欠缺合理之理由，而選擇通常所不使用之法形式，以規避通常稅法所預測的法形式之課稅要件。參陳清秀，《稅法總論》，翰蘆圖書出版，90 年 10 月二版，pp. 238～239。

❶❻　參林自強，〈論租稅法定主義與實質課稅原則之衡平〉，國立中正大學法律研究所論文，94 年 6 月，pp. 112～113。

❶❼　所謂實質課稅原則，又有學者稱之為經濟觀察法，其係指對租稅的課徵不單求法律形式的判斷，而更進一步要對課稅事實的存在實質，予以查證，再予課徵。參陳清秀，〈經濟觀察法在稅法上之應用〉，《財稅研究》，第 24 卷第 6 期，p. 50。換句話說，所謂的實質課稅就是稅捐機關為求落實稅法的目的，不受納稅義務外在形式上的假象所拘束，而可以直接依照當事人實際情況作為課稅依據，防止納稅義務人濫用法律保障的自由，創造虛假的外觀，規避原本應繳納的稅捐。一般學者均公認所得稅法第 43 條之 1 為實質課稅原則的具體化條文。參所得稅法第 43 條之 1：「營利事業與國內外其他營利事業具有從屬關係，或直接間接為另一事業所有或控制，其相互間有關收益、成本、費用與損益之攤計，如有以不合營業常規之安排，規避或減少納稅義務者，稽徵機關為正確計算該事

之一，所以，只要稅務機關能舉證建商變更或初始登記起造人名義並不具備實質上的私法意義，僅止於單純為了規避稅捐的動機，便可以主張這樣的變更或初始登記行為是無效的，可以直接對其課稅❽。

由於不動產本身多半價值不斐，變動不易，通常需要相當的資本，所以藉由合建和委建的模式可以合理簡化個人置產之困難，進而有效促進經濟的發展；易言之，委建和合建契約本質上還是讓建商幫忙蓋房子，這點和承攬契約勞務供給的本質無異，但是為了因應市場的現實環境需要，使得單純的承攬有必要予以變通，便成為合建和委建契約。故藉由認識委建和合建契約的法律關係與性質，應能妥善的處理不動產問題，避免日後不動產法律糾紛。

業之所得額，得報經財政部核准按營業常規予以調整。」

❽ 參林自強，前揭〈論租稅法定主義與實質課稅原則之衡平〉，pp. 121～123。

第二章

合 建

　　合建契約即為建商和地主共同合作之契約。而合建契約意義為何、雙方合作內容以及合建契約的法律性質等問題，仍需進一步了解，才能有效處理及避免相關法律爭執。

　　因此，本章將先探討合建契約的意義與經濟利益，之後再說明學理與實務對合建契約的法律性質，最後再予以小結。

第一節　合建契約的意義

　　所謂的合建契約乃指，由建築商出資，於地主提供之土地上建築房屋，雙方共同合作，建成後並依比例分配利益之契約，其通稱為房地合建契約，亦簡稱合建契約。

　　由此可以得知，所謂的合建契約應具備有土地、資力、合作以及利益數種層面意涵：

一、土　地

　　合建契約必須是地主提供土地，使建商得以在上面興建房舍。因此，土地是合建契約相當重要的要素，就建商而言，也是合建契約成立的原始動機。

二、資　力

　　這部分包含一般地主所缺乏的資金、技術和勞力，也就是建商所必須提供的部分。所謂技術是指建商銷售與規劃的能力，以及興建銷售房屋所需要的相關法律協助；其直接關係到合建案成立後到底能不能賺錢，整個

合作案能不能順利圓滿實現，不致衍生法律糾紛等等問題。而勞力，是指興建房舍所關連的勞動與設計問題，這部分密切關係到房屋是否得以順利蓋好。至於資金，則是重要的議題，所有理想的實現都需要錢去推動，需要錢去僱工、去買設計圖、去買建材等；而對於資金取得的方式很多，可能是建商的自有資金，也可能是建商去融資，甚至是利用合作的土地作擔保向銀行抵押借款；但是不管如何，資金的如何取得原則上都是建商所必須克服的問題。

三、合　作

所謂的合作，即是指地主和建商共同協議興建房屋；實際上包含合作的程度與合作的方式兩層面。

所謂合作的程度，是指雙方彼此合作的密切度；在個案中，雙方可能相互約定共同興建房舍後，共同出售，之後再分錢；也可能僅止於房屋的興建，蓋好後便直接瓜分房地而不等出售；當然也可能是同時混合兩者情況。

所謂合作的方式，主要是指雙方利用何種手段交換彼此手上的籌碼，謀求最大的共利。例如雙方可能是地主出地而建商出錢的相互出資方式，也可能是單純的讓建商蓋房子後再以土地當報酬。合作的方式不僅牽涉到彼此合作的密切度，更直接涉及到雙方合建契約的法律性質判定問題。

四、利　益

所謂利益,即指雙方預期會因為契約的執行而獲得自身所期待的好處。而實際上，是否真有獲利以及獲利的方式均在所不問。就利益分配而言，通常主要是指雙方協議分配興建完成的房舍以及所分配房屋的基地，但是在此並不否認有共同出售後再分配出售後之所得者。

其實，合建契約有相當重要的部分是由建商興建房子，就此點來看，適用承攬契約即可，但礙於現實上地主本身資源不足的限制，使得單純的承攬有必要予以變通，必須改與建商共同合作，所以才會衍生出各種型態

的合建契約。因此妥適良好且無衍生法律糾紛的合建契約應該具有下列正面的意義：

一、就地主而言

(一)獲得增加本身財富的機會

藉由合建契約獲得和建設公司合作的機會，彼此的合作可以有效開發自有閒置土地，進而增加自身的財富。

(二)分擔自身經營風險

如果完全依照單純承攬的方式興建房舍，無異是將所有的投資風險完全由欠缺相關知識、能力的地主負擔，失敗的風險自然會比較高。相對的，如果利用合建的方式，地主本身僅須擔負土地的機會成本，其他部分成本則趨近於零。

二、就建商而言

(一)可以更容易獲得建地

藉由和地主彼此合作，可以降低土地獲得的難度。這部分除了建商藉由和地主合作而無須再自備購買土地的資金外，更容易突破一般社會上地主於傳統觀念的恪守限制。

實際上往往可以發現鄉下地區的地主基於守祖產的家族教條而不願意出售土地，如果藉由購買土地的方式，對地主而言，將無異是使其面對敗光祖產的社會與家族責難；反之，藉由彼此合作可以約定建成後劃分幾成的房屋供地主使用，勢必較能突破地主心理上的障礙，對於成功推動建案的機會將有所助益。實務上，亦往往可見建案完成後，地主協同其他親族住進新宅內，毗鄰而居，反而日益增進親屬間的情感。

(二)可以降低自有資金積壓

利用合建的方式可無需準備購地所需的資金，雙方合作後甚至可以約定先以土地向銀行擔保借款，作為興建房舍工程所需的部分費用，在資金的調度上勢必更加靈活，此對於許多小型建案少資本額低的建設公司別具意義。

(三)分擔自身經營風險

如果藉由向地主購地，之後再自行興建房屋，無異是將所有風險交由自己承擔，且房地產資訊變化莫測，小建商往往無力委由專家進行準確預測，因此藉由合建的方式至少可以省去購地資本的風險。

三、就公共利益而言

(一)可以有效增進都市發展、強化土地利用

隨著都市的開發，土地購置成本日益昂貴，但是都市的發展通常是藉由工商業刺激經濟，而經濟的發展又需要勞工的湧入，更多勞工的湧入則帶來更多的消費需求，連帶的也刺激產業發達、促進經濟發展。然而勞工的湧入需要住宅安置，經濟的發展需要商業區與工業區的規劃，這些都有賴土地方得以興建。因此，有效降低土地取得的困難度無異是避免限縮都市發展的不二法門，合建契約正可以協助獲得都市開發所需土地，促使原先之農地或荒地進行更有效率的土地利用。

(二)可以增加交易成功機率、創造更多社會財富

合建契約可以避免地主或建商本身推動建案所具備的缺陷，故無疑是增加交易成功的機會，亦相當於創造更多的社會財富。

雖然合建契約的存在帶來相當多的利益，但是其衍生的交易糾紛往往也不小。然而若因為舊有的歷史演進而斷定合建契約必定衍生層層交易問

題，進而否定相關契約的存在之論調，恐怕有因噎廢食之嫌。因此，我們應該注意的是如何了解合建契約的法律性質，藉由專業的法律人士於事前避免相關爭執與糾紛，這也是目前學者認同的看法❶。

第二節　合建契約的類型與法律性質

由於合建契約本質上屬於無名契約，因此它的實際型態也無法像民法第 490 條第 1 項對承攬契約有明確的定義，因此，想要探討合建契約的法律性質，應先了解各種合建契約的型態，再依據這些常見的態樣去推測出其法律本質。

而多種型態的合建契約，主要是因為合作模式與利益分配方式上差異所產生，故本文主要係依照這兩點，區分出常見的三大類合建契約型態。

一、建妥後建商不參與房屋與土地的分配，而純獲得報酬

建商於房屋蓋好後並不參與房地與其出售所得等之利益分配，只單純向地主領取興建房屋的費用與報酬。所以，嚴格說來，這樣的契約型態並不具備「合作」的要件，非屬房地合建之範疇，我們舉出來主要是因為這樣的契約類型最單純、最簡單，在實際交易市場上也非不存在，因此將它提出來做個對比。

至於這契約的法律性質，是屬於承攬的範疇，建商替地主在地主的土地上蓋房子（承攬的工作），建成之後領取蓋房子（完成一定工作）的費用（定作人給付報酬）。此外，地主通常不可能提供建商興建房屋所需的材料，因此其法律性質通常屬製作物供給契約❷。

---

❶　參劉宗榮，〈委建與合建房屋產權之歸屬暨糾紛之防止〉，《民法債編論文精選（下）》，五南圖書出版公司，73 年 7 月初版，p. 102。

❷　惟，有學者認為其性質是屬承攬及買賣混合契約。其中建屋的部分屬於承攬，而建屋所需的材料供給部分則屬買賣。參邱聰智，前揭《新訂債法各論（中）》，p. 53。

二、約定雙方按比例取得房地，建築完成前或建築完成後，雙方均得自行出售其所分得之房地

這主要是指雙方互相約定各自分得一定比例的房屋與土地（實務上建商和地主往往是以六四比的方式進行分配）；亦即地主轉讓一定比例的土地，建商則轉讓相當比例的房屋。但是對於雙方實際的合作內容，例如何時分配土地、房屋的所有權如何變動等等問題，無異對本類型之契約增添許多不確定色彩。因此，可依照當事人彼此約定的內容、起造人名義及房屋第一次總登記而論，再細分為三種不同的子類型。

然而，在這裡必須特別補充的是本類型之所以限定在「雙方均得於建築完成前或建築完成後，自行出售其所分得之房地」，乃在於與合夥型態的合建契約 ❷ 做區分。其特別彰顯出本類型中，雙方享有比較高度的自主權，並且合作後分配利益的重心點在於分配房屋和土地，而非出售房屋後的所得或現金。

三種子類型分述如下：

㈠完工後始將土地及房屋交換所有權者（65 年臺上字第 901 號判決）

這案型中，建商原則上先以登記自己為起造人 ❷，待完工後，再於建物第一次總登記時將應該分給地主的房屋登記為地主，或者於登記後再將應該分給地主的房屋移轉登記給地主。同時，地主則將應分給建商的土地移轉給建商。由此可知，契約本質相當於互易 ❷，意即地主將部分土地（即

---

❷ 詳細內容請參照第三項目「雙方共同出售，再依照約定比例分取出售房地的獲利部分」部分。

❷ 不過有時候會因為建商自己本身的因素考量，例如為了避免債權人或稅務機關查緝財產，而改由董事或其他第三人當作起造人。

❷ 參民法第 398 條：「當事人雙方約定互相移轉金錢以外之財產權者，準用關於買賣之規定。」

應分給建商的土地）拿去和建商的部分房屋（即應分給地主的房屋）彼此
做「交換」。

　　雙方採取此方式合作，主要原因可能係為保障自己的財產安全。本案
型中，建商於獲得所應分得的土地前，仍舊享有完整的建物所有權；相對
地，地主於獲得建物前，亦毋庸移轉任何一坪土地給建商。所以，理論上
雙方都不會因為對方有任何履約上的問題而承擔任何風險，然實際情形卻
未必如此。因為，對地主而言，雖然不用擔心建商無法履約時，土地無法
順利取回；然若房屋蓋到一半而未能完工，則土地之利用即會發生問題。
而就建商而言，也必須擔心在房屋建設過程中土地產權是否會發生變化。
因此，即便採取這案型，仍然必須理解應該注意的法律層面，避免日後可
能的糾紛。

㈡各自取得建照, 就地主之部分 (48 年臺上字第 1874 號判決❷、 59 年臺上字第 3510 號判決)

　　本類型中，建商與地主均各自針對自己所應分得的建物請領建照。故，
各建物所有權自始至終均為地主或建商所有，並未發生所有權移轉變動情
形。

　　所以，實務上認為本類型法律性質為承攬，在解釋上即相當於地主委
請建商在「自己」的土地上興建「自己」的房舍；而承攬所應支付的報酬，
則以應分給建商的土地作抵償，因此這部分仍未違反承攬為有償契約的本
質❷。

---

❷　參 48 年臺上字第 1874 號判決：「建集商依合建契約建築房屋，就地主分得部
　　分而言，係建築商自備材料為地主完成之工作。就地主將建築商分得房屋部分
　　移轉基地所有權而言，乃地主給付報酬，故合建契約為承攬契約之一種。」
❷　參本書第壹編第三章。

㈢以分給建商之土地充作地主應支付之報酬（60 年臺上字第 3372 號判決）

本類型中，建商與地主多半均各自以自己名義為起造人，並針對自己所應分得的房舍請領建照。其與前者之差異在於，地主除委請建商蓋屋外，並有出賣部分土地予建商之合意；易言之，雙方當事人間同時存在有買賣土地的意思，所以這部分成立買賣契約❷⑥。然而地主仍如同前案型一般，委請建商在「自己」的土地上興建「自己」的房舍，所以有承攬契約的存在。

不過，由於事實上雙方兩契約中均沒有任何實際上的金錢給付，也就是買賣土地和承攬興建房舍均未給付金錢，所以解釋上應該是將承攬契約的報酬與買賣契約的價金彼此相互抵銷。簡言之，本類型之法律性質是屬於買賣與承攬之混合契約。

三、雙方共同出售，再依照約定比例分取出售房地的獲利部分（59 年臺上字第 1372 號判決❷⑦）

本類型中，地主與建商均不具有自行銷售房地的權利，而是必須依照契約，委由建商銷售，事後再分取銷售後的所得利益；因此，雙方合作所著重的利益點在於銷售後的所得，而非興建後的房地。所以，本類型於三者中，共同合作的密切程度最高；合作的時程範圍不僅止於房屋的興建，尚涉及到日後的房屋銷售部分；合作的方式則為彼此相互出資共組合夥事業❷⑧。這點和前一類型有相當大的不同。

---

❷⑥ 參民法第 345 條第 1 項：「稱買賣者，謂當事人約定一方移轉財產權於他方，他方支付價金之契約。」

❷⑦ 參 59 年臺上字第 1372 號判決：「兩造所訂合建契約，係約定上訴人提供土地，被上訴人負責承建四樓房屋兩幢，建築完成後甲（上訴人）、乙（被上訴人）雙方各分得四樓房屋一幢，顯係約定兩造共同出資興建房屋後平均分配之合夥契約，核與當事人約定一方與他方完成一定工作而得請求給付報酬之承攬契約截然有別。」

最後，地主亦有可能以土地出資入股的方式，將合夥的合作型態改為更具體、更具保障❷的有限公司或股份有限公司的方式。只不過其本質上仍不出脫共同出售後分配所得利益的範疇，且此公司型態往往僅推出一次建案便予以解散，就公司在設立過程中所花費的費用與精力，相對而言較不經濟，因此實務上較不常見。

由上可知，房屋和土地所有權的變動過程將直接影響到對於合建契約的法律性質判斷。雖然實務上與通說多半以上述作為合建契約法律性質的判斷標準，然而仍然有學者持不同的看法，其認為若建商分取房地，則以建物完成前是否出售為標準，區分為混合契約與合夥契約❸。

---

❷　參民法第 667 條第 1 項：「稱合夥者，謂二人以上互約出資以經營共同事業之契約。」

❷　因為有限公司或股份有限公司中，各股東針對公司營運所產生的債務，其擔保部分僅止於出資額，公司和股東個人財產將能有效的被切割；相對而言，合夥型態卻存在著一定的相連性，合夥人也必須針對合夥債務擔負連帶責任；不僅如此，合夥關係中，合夥財產係由全體合夥人共同共有，更顯得合夥事業中個人間的財產難以有效地獨立。

❸　參邱聰智，前揭《新訂債法各論（中）》，pp. 53～54。

第三章

委 建

由前述可知，委建契約即為購屋者委請建商合作於土地上興建房舍之契約，因此相較於合建契約，委建契約對一般市井小民而言意義更為重大。是此，對於詳細委建契約意義以及委建契約可能衍生的法律爭議等問題，雖然往往得以藉由先前對合建契約的了解而更容易進入狀況，但其中有所差異之處仍然有必要花時間予以了解，才能有效處理及避免日後爭執的產生。

第一節　委建契約的意義

所謂的委建契約，是指委建人❸委託建築公司，於該公司所提供或所販售之土地上建屋，或甚至包含委託建設公司購置土地的情況❸，並言明委建人按期付款，建商則依委建人所提供或所約定之方式、圖樣施工。

因此，委建契約代表著土地、預售與預建幾種要素意涵，分述如下：

一、土　地

委建人本身原本並不擁有房屋建地，而是藉由建設公司所提供的管道而獲得。因此，這部分和委託建設公司在自有土地上興建房舍的單純承攬情形略有不同。

此外，值得注意的是原土地所有人未必即是建商，其可能是由建商以外的第三人來提供相關土地❸，這對委建人而言，意義是必須特別注意確

---

❸　委建人乃係指委託興建房舍之人，依照先前本編第一章前言的案例一，委建人也就是丁先生。

❸　參金欽公，《委建及合建房屋法律問題》，司法行政部出版，65 年初版，p. 11。

保日後土地產權的取得；理由在於，委建人簽約對象往往是建商而非土地所有人，對土地所有人並不具備直接請求交付土地的拘束力。因此，若委請可資信賴的代書或地政士確認實際產權持有情況，將是簽約前應執行的「保險」手續。

二、預售與預建

房屋在委建人和建商簽約時並不存在，而是簽約後再委請建商在一定時程內完成。所以，它的性質和單純房屋買賣有別，又因為委請建屋的部分和承攬有關聯，因此將其歸類於承攬契約的特殊類型。

三、依約施工

由於房屋在委建人和建商簽約時並不存在，因此雙方在簽訂委建契約時有相當重要的成分是在規範日後房屋施工的方式。故，委建契約不僅是單純的「物的交付」，更包含了勞務的提供與實施的意義在內，其依約定的圖樣進行施工便成為委建相當重要的條件。

值得注意的是，委建契約最終目的在促使委建人獲得房子，就此點來看，適用買賣契約即可；但礙於現實上委建人本身財力不足的限制，必須和建商共同合作，利用部分利益的讓步❸❹，與建設公司交換價錢上的折讓，所以才會發展出委建契約。因此，妥適良好且無衍生法律糾紛的委建契約對社會交易而言，應該具有下列正面的經濟利益與意義：

---

❸❸ 這情形一方面是基於合建契約在經濟交易上的存在利益，也包含相關稅費的減免考量，尤其是該土地最終仍是要移轉給委建人，因此若還必須經歷地主移轉給建商的歷程，勢必即可能再增加一次土地增值稅。

❸❹ 主要是指簽約時尚無成屋可供使用、觀看與移交，而這部分也往往是日後衍生法律糾紛的主因，例如坪數不合當初約定、房屋未如期完工、屋內未依照廣告目錄上的方式進行裝潢……等等。

一、就委建人而言

委建契約可以使委建人減輕龐大購屋成本壓力。由於簽約時房屋尚未建成，建商相對而言無庸積壓過多資金，所以對於推出建案所需要的財力條件也相對較低；因此委建契約的市場中，基於建商競爭較為激烈以及本身建屋成本相對偏低等雙重因素作用下，將直接反映在售價上，使得買主也能因此而獲得利益。

二、就承建人而言

(一)增加成交機會

較低的出售價格自然比較能刺激需求，吸引買氣，增加交易成功的機會。

(二)降低資金積壓成本

由於簽約時房屋尚未興建，因此就建設公司而言，有兩點好處，一是比較不用擔心空屋的問題，以避免蓋了而賣不出；二是利用興建的過程逐步向委建人收費，等於一手向人收錢一手支付興建所需的費用。然而，不管是哪一種所造成的結果都是促使建商毋庸積壓過多資金，有效增加經營的靈活性，降低經營的成本。

三、就公共利益而言

由於委建契約可以使資歷不足的人藉由小小的自備款而一圓「有殼族」的夢想，因此委建契約可以增加彼此交易成功的機會、促進都市的開發、增進不動產市場的活絡。這些部分本質上和合建契約所創造的公共利益的原理是相同的。

不容否認的是，就以往不動產交易的歷史來看，委建契約的存在確實衍生不少交易糾紛。然而如果因此而完全否定相關契約的正面意義，恐怕

有因噎廢食之嫌，更剝奪當事人選擇契約的自由，而不當限制市場選擇交易的方式。因此，我們應該努力去了解委建契約的法律性質，並藉由專業的法律人士於事前避免相關爭執與糾紛，而不是斷然忽視委建契約所帶來的整體社會與經濟利益❸。

第二節　委建契約的類型與法律性質

在探討委建契約時，不難發現其契約上的法律意義或形成上的經濟利益與誘因，有很多都和合建契約相當類似。不過相較於合建契約，委建人就地主而言相對地屬於經濟上的弱勢；因此在契約方向的主導上，委建人較沒有干涉的能力。這點將使得委建契約在簽訂時，較為傾向建商那邊，通常委建人對於契約的重要要素多半不容置喙。

此外，建設公司為了創造較低售價以吸引顧客購買，會考量降低各類成本之支出，其中最重要的便是各種稅費的支出。所以基於降低各種稅費的考量，產生以不同房屋起造人名義登記的方式，而衍生出各種不同型態的委建契約。

上述兩點相互發酵的結果，使得委建契約型態完全取決於建物起造人名義上的不同。委建契約，依照起造人登記為建商、第三人或委建人可區分為三種類型：

一、起造人於開始興建後或建築完成後始變更為委建人

本類型中，房屋建照上的起造人先以建商或其他第三人為登記，直到開始建築後或已完工後，辦理保存登記前，才將起造人變更為委建人。由於起造人自始並非委建人，而委建人又是委建契約訂立目的之最終房屋持有人；因此，實質上房屋原始並非由委建人所擁有，係等到變更起造人為委建人後，委建人才變成該建物的所有人。所以，此類型的委建契約法律性質無異於買賣契約，僅是由委建人向建商購買移轉登記起造人名義的權

❸　參金欽公，前揭《委建及合建房屋法律問題》，p. 1。

利，並期待完工後能登記成為建物的所有人。

而值得注意的是，若房屋實質上連主體部分皆未興建完成，亦不影響其為買賣契約之性質。只不過這時候當事人間所移轉（或交付）的標的並非不動產，而是依照變更登記起造人名義時的房屋施工實際情況，決定契約移轉的標的是動產、不動產，抑或僅僅是單純的債權❸。

二、起造人最初為建商或第三人，待辦理保存登記後始移轉所有權予委建人

在本類型中，房屋建照上的起造人先以建商或其他第三人為登記，直到建築已經完工，且也完成建物保存登記後，再將起造人變更為委建人。由於起造人自始並非委建人，而委建人又是委建契約訂立目的的最終房屋持有人；因此，在解釋上認為房屋原始並非由委建人所擁有，等到變更建物保存登記所有權人為委建人後，委建人才真正成為房屋「所有權」人。所以，本類型的委建契約法律性質也無異於買賣，它的情況遠比前一類型簡單了許多。

此外，由於這時房屋不但已經完工❸，更完成保存登記手續，所以這時候的房子不僅具備了不動產的態樣，更完全符合法律規定所應具備的不動產登記要件❸；因此，解釋判定上即應同一般的房屋買賣。

三、起造人自始為委建人

本類型即指起造人自始至終均為委建人。換句話說，房屋在開始興建時以及興建中，完工後，起造人名義都沒有發生過變動；甚至在辦理保存

---

❸ 若在房屋雛形都未具備時，例如可能僅止於整地，此時雖已符合開始興建後的要件，但房屋實際上並不存在，可能連一面牆、一片瓦、一塊磚都沒有，因此當事人此時所移轉的僅止於債權，也就是只有變更起造人名義而已。

❸ 一定要完工才能驗收，驗收後才能辦理保存登記，參本編第一章前言。

❸ 參民法第 758 條：「不動產物權，依法律行為而取得設定、喪失、及變更者，非經登記，不生效力。」

登記時，也是直接以委建人名義辦理保存登記。這種情形在過程的論述上很簡單，但是在探討它的法律性質上便顯得複雜許多，學者實務間彼此見解分歧，單就房屋興建的工作部分❸而言，就有承攬、委任與買賣三種不同見解，更別提混合土地後的整體契約法律性質了。

　　就承攬而言，由於房屋的起造人自始為委建人，因此在解釋上認為這時的委建契約，相當於委建人央請建商興建「自己」的房屋；而建物本身因為委建人自始均未變更，所以完全符合「承攬工作物歸屬定作人」的論點。

　　然而，誠如我們先前所談到的，承攬和委任本質上具有相當大的共通性❹。因此，在兩者彼此特性具有如此高重疊性的情況下，也不難理解為何有部分學者認為此時契約的法律性質屬於委任，並歸類為有償委任，而解釋為委建人「委託」建商蓋房子。就委建契約之文義解釋，本來就是指委建人委託建商在「自己」(此時當然已經移轉土地所有權)的土地上建屋；因此，解釋為委任似乎也就無可非議。

　　至於買賣契約的說法，主要是為了強化對消費者的保障以及為符合一般消費者的內心期待。就有形標的物的交易而言，買賣契約對於消費者的保障確實遠較承攬契約來得完善，尤其是買賣契約具有完整的瑕疵擔保制度，而承攬契約針對承攬工作物的擔保責任，則僅是相對而不健全的。而就一般消費者內心期待的部分而言，任何人都不會反對一般大眾消費者會直覺地將和建商所簽的委建契約視為單純的預售屋買賣，而非承攬或甚至是委任契約。因此，單純解釋為承攬或者委任反而可能會因此超乎簽約時雙方當事人原先的預料。

　　對於這問題，我們不能否認三種說法各有所長，但是在個案的運用上，應該注意到法律是用以解決人們的紛爭，所以法律不能過分割裂人們的情感、遠離人們的期望。然而，法律的一貫性與安定性等要求也同樣地重要，不可能完全針對當事人而創設其專屬之法律。因此，合理地調和兩者應該

---

❸　至於房屋土地移轉的部分，一般均同意其法律性質是屬於買賣契約。

❹　參本書第壹編第伍章第二節。

是我們所期待的。

至於土地的部分而言，因為委建契約通常還包括委請建商購買建地，所以，土地交易部分的法律性質當然是買賣。因此，整個委建契約的性質應取決於對先前興建房屋部分之法律性質的看法；如果認為是買賣，那麼整個契約的性質當然就是買賣；反之，如果是採委任或承攬的看法，那麼整個契約的性質就極可能是混合契約。

誠如我們先前所言，雖然委建契約於簽約時房屋實際上並未建成，因此常衍生出不少糾紛；又委建契約可能成為建商規避稅捐的工具；但提出廢止委建契約而一概準用承攬契約或者買賣契約等見解，均非良策。蓋此舉不僅抹殺了委建契約本身對整體社會與經濟的正面意義，更完全忽視委建契約本身就很難一概地完全界定為承攬或者買賣的事實。所以，如何去正視委建契約法律問題，了解委建契約法律性質，事先避免可能發生的爭執，適時輔導消費者尋求律師、地政士（土地代書）等專業法律人士的協助，將是比較值得稱許的方式。

第四章

結 論

由前述可知，合建契約和委建契約其實都不是單指某一種特定性質的契約，它們的名稱起源反而是由契約形成的背後動機而來。所以，它們其實是數種契約性質互異的「元素」所形成的「集合」，本質上係屬於一種新型態的無名契約。

也因此，當我們在判斷個案的爭議問題時，有必要先藉由定性契約的法律性質，作為處理紛爭的準據法條。因而在處理合建（委建）契約爭執時，除了對於承攬契約必須有相當的基礎外，有時更須借重其他如買賣、委任、和合夥等等有名契約的認識與了解，才能正確無瑕疵地進行分析與判斷。然而，也因為處理這類問題必須具備著這麼多的輔助知識等先決要件，所以使得實際置身這類契約時平添許多陷阱。因此，就一般消費者而言，當其面對委建契約或合建契約，特別必須注意下列事項：

一、土地產權問題

房子必須有地基才有意義，如果其地基產權不明，很可能得面對土地所有權人行使物上請求權[41]排除侵害，也就是俗稱的請求拆屋還地。不僅如此，事實上除了土地所有權人外，其他權利人，如地上權[42]人、地役權[43]

---

[41] 參民法第 767 條：「所有人對於無權占有或侵奪其所有物者，得請求返還之。對於妨害其所有權者，得請求除去之。有妨害其所有權之虞者，得請求防止之。」民法第 766 條：「物之成分及其天然孳息，於分離後，除法律另有規定外，仍屬於其物之所有人。」

[42] 參民法第 832 條：「稱地上權者，謂以在他人土地上有建築物，或其他工作物，或竹木為目的而使用其土地之權。」

[43] 參民法第 851 條：「稱地役權者，謂以他人土地供自己土地便宜之用之權。」民法第 858 條：「第七百六十七條之規定，於地役權準用之。」

人或典權❹人，只要他的權利是成立在先而房屋的興建已經妨礙到其原先既有權利的行使，都可以類推請求拆除。另外，房屋基地雖未有產權問題，但是若房屋的管線、屋簷或甚至是地下室停車場位在他人土地的上空或地下時，都可能侵害到他人所有權❺，而被請求拆除、賠償。此外，就合建情形而言，由於地主未必僅有一人，可能同時存在著數名地主，而房屋基地所有權態樣也很可能是共有❻的狀態。此時，一般購屋者應該注意確保日後房屋興建完成時土地得以順利移轉❼。在建商方面，則必須確保動工後不至於衍生其他地主抗爭或故意訛詐等情形，否則不僅會影響完工後的房屋售價，更嚴重者，甚至無法繼續施工，導致先前投資血本無歸。至於各地主能否充分合作的問題，除了與各地主個別簽約外，並可以善用團體壓力，例如在共有的情況，可利用關於共有人處分的規定❽增加承購土地之機會。對於其他地主，如果產權關係為共有，除利用前述的方式外，尚可依照共有人優先承購權❾的規定，獲得與建商合作的機會，提升自有籌碼。

---

❹ 參民法第 911 條：「稱典權者，謂支付典價，占有他人之不動產，而為使用及收益之權。」

❺ 參民法第 773 條：「土地所有權，除法令有限制外，於其行使有利益之範圍內，及於土地之上下……。」

❻ 參民法第 817 條第 1 項：「數人按其應有部分，對於一物有所有權者，為共有人。」

❼ 雖然即便未能順利移轉，仍然有可能以取得地上權的方式免去拆屋還地的困境。然而即便如此，房屋由於未能享有完整的基地產權，仍將衍生出日後出售價格偏低以及增加出賣困難度等問題。

❽ 參土地法第 34 條之 1 第 1 項：「共有土地或建築改良物，其處分、變更及設定地上權、永佃權、地役權或典權，應以共有人過半數及其應有部分合計過半數之同意行之。但其應有部分合計逾三分之二者，其人數不予計算。」併參民法第 819 條第 2 項：「共有物之處分、變更、及設定負擔，應得共有人全體之同意。」

❾ 參土地法第 34 條之 1 第 4 項：「共有人出賣其應有部分時，他共有人得以同一價格共同或單獨優先承購。」並參土地法第 34 條之 1 第 5 項：「前四項規定，於公同共有準用之。」

總而言之,任何一方於簽約前最好都能委請地政士調閱相關地籍資料,確認土地產權單純化。

二、建物產權問題

這主要是針對非合夥性質的合建契約中的地主以及委建契約中的委建人來討論。由於這兩者均非房屋建設者,對於如何確保建商履行其蓋屋義務將顯得特別重要;此包含了確保興建工程的進度以及房屋產權的登記問題。就產權登記而言,除了起造人名義部分外,更重要的是房屋建成後的保存登記。

而就委建人而言,如果其購買的是公寓或大樓,應該注意建商是否依法律協助成立公寓大廈管理委員會,促成住戶公約的修訂,並履行挹注管理基金的責任。

三、稅費用支出問題

由於興建房舍需繳納相當的費用,其至少包含使用執照申請費、建照費用、地政士費用與登記規費等等;而土地移轉可能涉及土地增值稅與契約,房屋興建完成後若涉及移轉則可能又必須再繳納一次契稅。因此,這部分主要是指上述費用由何人負擔的問題。

就興建房舍費用而言,執照申請費、建照費用通常由建商負擔❺。而房屋登記規費,主要是指建物保存登記費用,由於其金額多半不斐,為建物造價的千分之二,因此規定由起造人負責支付,但雙方仍可以私下約定實際負擔者。至於地政士費用,雖其價額往往不低,但由於涉及市場私經濟自由,因此原則上由雙方相互約定支出者,亦可約定依照比例,彼此共同支出。

再來談到土地增值稅,基於稅制背後漲價歸公的目的❺,因此原則上

---

❺　但當然會用轉嫁的方式,而演變為實際上由委建人負擔。不過如果此時委建契約本質是委任或承攬,便有可能改由委建人支付。

❺　參林自強,前揭〈論租稅法定主義與實質課稅原則之衡平〉,p. 24。

應由出賣人負擔，但當事人彼此約定亦非不許。至於房屋或土地買賣❷的契約，則依照契稅條例由買受人負擔❸。

最後，值得注意的是，委建契約和合建契約很可能是彼此共同存在的。同樣一個建案，可能是由建商和地主先簽訂合夥的合建契約，再以此為基礎，對外出售預售屋；就出售預售屋的部分，往往是和購屋者簽訂委建契約。因此這時問題將顯得更為複雜，任何一部分不能順利依約履行都極可能演變出諸多紛爭。例如地主和建商因為合建契約產生爭執而拒絕依約移轉土地，導致購屋者亦無法順利取得房屋基地的雙重糾紛情況。

合建契約和委建契約之所以存在，和其他一般交易行為一樣，都是為了交換彼此之有無，謀求彼此契約最大的共同利益。所以，這樣的契約類型是具有一定的正面意義，任何斷然否定其存在，或未能正視其法律性質的行為，皆非可取。

---

❷　惟目前自由地區均已開徵土地增值稅，因此契稅均已免徵。參契稅條例第 2 條：「不動產之買賣、承典、交換、贈與、分割或因占有而取得所有權者，均應申報繳納契稅。但在開徵土地增值稅區域之土地，免徵契稅。」

❸　參契稅條例第 4 條：「買賣契稅，應由買受人按契約所載價額申報納稅。」

第五章

本編習題

案例 54

「田僑仔」曾阿土有田地二甲，坐落於大坪頂，市值約五千萬，由於新市鎮的開發，所以被建商錢豪多看上，兩人有意合作推出一案共八戶的高級別墅住宅的建案，由錢豪多負責興建，曾阿土提供土地。請回答下列問題：

(1)於房地合建契約中，實務上往往利用標的物所有權之歸屬以判定契約之性質；試問，其常用哪些文件協助判定所有權之歸屬？

(2)若雙方約定，所有建物由錢豪多登記為起造人，興建完成後，辦理建物第一次保存登記在由買受人為登記人，而曾阿土亦直接將買受人所買建物所附地號的土地，直接移轉給該買受人，再由錢豪多與曾阿土就賣得價金加以分配，試問二人所定契約之性質為何？又錢豪多在開始興建前，即將房子銷售完畢，而以買受者之資金來興建房子，則錢豪多與買受者所定契約類型又為何？

(3)又如雙方約定，所有建物皆由錢豪多當起造人，等錢豪多完工後，再將其中四棟房子過戶給曾阿土；曾阿土同時亦將其餘四棟別墅之土地過戶給錢豪多。請判定該契約之性質為何？並簡述理由。

---

54 本題改編並簡化自國立中正大學財經法律系 92 學年度期中考考題。

解析

⑴當我們建造一個房屋時，由於此房屋乃新蓋成，所以在建造的過程中，並不會有所有權人這個概念，而當房子興建完成後，原則上是歸出資者原始取得該房屋的所有權。但我們要判斷誰是出資者時，並不容易，而房屋在興建的過程中，一開始要興建時要申請建照，此時建照上面的起造人，我們就可以推定為是出資者。而當興建完成後，辦理建物第一次總登記時，該登記者，原則上就是所有權人。在合建契約中，其資金關係更是複雜，所以我們原則上也只能藉由誰是起造人，誰是建物第一次總登記的登記人，來決定誰是所有權人，並進而瞭解該合建契約的契約性質。

⑵曾阿土與錢豪多所定契約應屬合夥契約，依民法第 667 條之規定：「稱合夥者，謂二人以上互約出資以經營共同事業之契約。前項出資，得為金錢或其他財產權，或以勞務、信用或其他利益代之。金錢以外之出資，應估定價額為其出資額。未經估定者，以他合夥人之平均出資額視為其出資額。」本題乃由曾阿土以土地為出資，而錢豪多則以金錢為出資，以賣別墅給買受人來當作二人之共同事業，並且二人有約定就賣得價金來加以分配，所以應屬於合夥契約。

而錢豪多與買受者所定契約應屬於承攬與買賣的混合契約，蓋就土地部分，等同於買受人買受該土地來興建房屋，而該別墅乃買受人出資委由錢豪多來興建的，所以應屬於買賣與承攬的混合契約。

⑶雙方的約定應屬於互易契約，依民法第 398 條之規定：「當事人雙方約定互相移轉金錢以外之財產權者，準用關於買賣之規定。」本題錢豪多係起造人，故該八棟高級別墅的所有權均歸錢豪多所有，錢豪多將四棟別墅與移轉給曾阿土，曾阿土再將錢豪多所有的四棟別墅所做落的土地移轉給錢豪多，二人互相移轉財產，所以應屬於互易契約。

附 錄

綜合案例

案例一

甲在自有的土地上委託乙建設公司來蓋別墅，甲與乙約定由其
建設公司包工包料，約定於民國 96 年 7 月 31 日興建完成，報
酬為新臺幣 500 萬元，試問：

㈠甲與乙所訂契約之性質為何？

㈡興建完成後該別墅之所有權歸誰？

㈢該 500 萬報酬請求權的時效為何？

解析

㈠此種包工包料的契約，稱之為製造物供給契約，其與一般承攬不同
之處在於，承攬人除了提供勞務外，還必須自己提供材料來完成工作，現
今的日常交易中，其實以製造物供給契約較為常見。而此種契約之性質為
何呢？究為買賣或承攬，學說上有爭議，通說認為依當事人的意思定之，
惟本書以為，當事人既未約定契約性質，則依民法第 490 條第 2 項之規定：
「約定由承攬人提供材料者，其材料之價額，推定為報酬之一部。」甲與乙
就材料之價額既為另有約定，就推定為報酬之一部分，所以該契約應定性
為承攬契約。

㈡建築物的基地若是由定作人提供，而由承攬人以自己的材料建築者，
該工作物完工後所有權歸屬，又不同之見解，有認為由承攬人原始取得該

工作物的所有權，於辦理所有權的保存登記後，再移轉登記給定作人。不過承攬人係以為他人工作或使他人取得工作物所有權之意思而為建造，所以於工作物完工後，由定作人原始取得才符合當事人的意思。並且依民法第 490 條第 2 項之規定，承攬所約定的報酬，通常有包含該材料的價額，實質上可謂係由定作人提供材料，所以應解為定作人原始取得該工作物的所有權，如此才符合當事人的真意。

㈢最高法院 89 年臺上字第 2591 號判決認為：「具有承攬與買賣混合契約性質之『不動產買賣承攬』（即不動產製造物供給契約），就不動產財產權之移轉而言，不啻與民法第一百二十七條第七款所定『技師、承攬人之報酬及其墊款』為一般單純之承攬有間，更與同條第八款所稱『商人、製造人、手工業人所供給之商品』係專指『動產』者不相侔。故此類不動產買賣承攬之價金或報酬請求權，應無上開條款二年短期消滅時效期間規定之適用。」依此實務見解認為，不動產的製造物供給契約無民法第 127 條第 7 款之適用，而應回歸民法第 125 條之規定，其報酬請求權要十五年不行使才會消滅。惟本書認為，該不動產於興建完成就為定作人所有，當事人之真意並不在於移轉不動產所有權，所以應適用 127 條第 7 款之規定，若承攬人二年不行使，報酬請求權就會消滅。

案例二

承上題，若於興建的過程中，乙建設公司的工人丙於施工中因工具掉落不小心打傷路人丁，試問其法律關係？若是興建完成後，因為該別墅上的外牆突然倒塌壓傷丁，其法律關係又為何？

解析

㈠丁對丙：依民法第 184 條第 1 項前段之規定：「因故意或過失，不法侵害他人之權利者，負損害賠償責任。」丙於施工的過程中，負有善良管理人的注意義務，以免工作過於鬆懈傷及第三人，本題因為丙的工具掉落，而使丁的身體受有傷害，且二者有因果關係，所以丙應負損害賠償責任。

丁對乙：依民法第 189 條之規定：「承攬人因執行承攬事項，不法侵害他人之權利者，定作人不負損害賠償責任。但定作人於定作或指示有過失者，不在此限。」依此規定，原則上丁不可向甲求償，蓋承攬人在執行承攬事項時，是獨立為之，定作人多無指揮監督的權限，所以於興建的過程中若有侵害到第三人的權利時，定作人甲無庸負責。但承攬人乙乃是丙的雇主，依民法第 188 條第 1 項之規定：「受僱人因執行職務，不法侵害他人之權利者，由僱用人與行為人連帶負損害賠償責任。但選任受僱人及監督其職務之執行，已盡相當之注意或縱加以相當之注意而仍不免發生損害者，僱用人不負賠償責任。」乙就丙對丁所為之侵害，應負連帶損害賠償責任，蓋乙乃因為丙為其工作而擴大其經濟範圍，且乙對丙有監督的權限，所以乙應負連帶損害賠償責任。

㈡丁對甲：依民法第 191 條之規定：「土地上之建築物或其他工作物所致他人權利之損害，由工作物之所有人負賠償責任。但其對於設置或保管並無欠缺，或損害非因設置或保管有欠缺，或於防止損害之發生，已盡相當之注意者，不在此限。」由於該別墅已經完成，該別墅的所有權人甲對自己的建築物負有妥善保管之義務，以免建築物的設置或保管有欠缺，而傷及他人，所以甲因自己的別墅對他人所產生之侵害，自應負損害賠償責任。

甲對乙：若該外牆是因為承攬人施工之瑕疵而倒塌，則該建築物即有減少或滅失價值、不適於通常使用之瑕疵，此時承攬人乙就負有瑕疵擔保與債務不履行之責任，所以定作人甲可以主張：民法第 493 條第 1 項的瑕疵修補權或民法第 494 條的報酬減少請求權，若該瑕疵是可歸責於乙的原因，尚可主張民法第 495 條第 1 項之損害賠償請求權。

案例三

承第一題，乙建設公司怕甲於別墅興建完成後不履行報酬的給付義務，試問：

㈠乙該如何確保其權利？是否因為民國 88 年債編修正後，權利確保的方式有所不同？

㈡該權利所擔保之範圍與所得的行使之範圍為何？

㈢若該別墅於興建完成後，因為龍王颱風而嚴重毀損，甲請戊為其修繕，該別墅價值因而增加 100 萬，嗣後，甲又向己借款 200 萬，甲無力清償借款，設該別墅以 700 萬元賣出，在乙、戊、己之抵押權均有登記之情形下，甲應如何清償債務？

解析

㈠債編修正民法第 513 條前，承攬人之工作為建築物或土地上工作物時，承攬人對工作物所附之定作人不動產有法定抵押權，此法定抵押權不待登記即生效力。惟由於法定抵押權不以登記為要件，所以易造成與定作人有交易往來的債權人，因不知道該不動產有法定抵押權而受有不測之損害，故債編於 88 年修法時，為了確保承攬人之利益並兼顧交易安全，乃將本條修正為承攬人可以請求定作人為抵押權之登記，而此登記應採對抗要件說或生效要件說有不同之見解，本書以為採對抗要件說為妥，蓋工作物若是新建，在承攬人未完成工作物前，該工作物並不在定作人債權人所可預期的範圍之內，若是重大修繕，其增加之價值亦非承攬人之債權人所可預期，而承攬人就該工作物既已花費時間、勞力與費用，自不該讓承攬人因未登記而無法享有抵押權，與一般債權人立於相同之地位。所以乙於興

建完成後，就該別墅就享有抵押權，惟乙若要確保其抵押權有優先於其他抵押權人之效力，依民法第 513 條第 2 項之規定，於興建前即可請求甲預先為抵押權之登記，若甲乙二人於訂約後，該契約已經過公證，依民法第 513 條第 3 項之規定，乙可以單獨為抵押權之登記。

　　㈡依民法第 513 條第 1 項之規定，承攬人抵押權所得擔保之範圍僅以承攬關係報酬額為限，並不及於其他損害賠償請求權、修補費用償還請求權或債務不履行所生之債權，所以乙所得請求為抵押權登記之債權僅以其報酬 500 萬為限。至於承攬人乙抵押權所得行使之範圍，除了該別墅外，是否及於甲所自有的該土地，學說上有不同見解？有認為承攬人承攬之工作雖為房屋建築，但該房屋是附著於土地，所以該土地若為定作人所有時，承攬人因該承攬關係所得行使之債權，對該土地亦有抵押權；反之，另有以為土地與房屋均為獨立的不動產，所以承攬人因承攬關係所生之債權，僅對他房屋有抵押權，本書採後說，蓋僅有該房屋是因為承攬人之付出而產生或增加其價值。所以本題乙之抵押權所得行使之範圍，僅及於該棟別墅，並不及於甲所擁有的土地。

　　㈢依民法第 865 條之規定，同一不動產上面，抵押權若有數抵押權時，其次序依登記之先後定之，惟依民法第 514 條第 4 項之規定，若承攬人就工作物為重大修繕，承攬人因修繕所增加之價值限度，有優先於其他抵押權之效力，蓋該抵押權標的物因承攬人之修繕而獲得確保，所以在該標的物所增加價值的 100 萬的範圍內，戊有優先於其他抵押權人之效力。而乙的抵押權登記在前，所以其 500 萬的報酬債權可以優先於己受償，故己僅得就剩餘的 100 萬獲得分配，至於己未能獲得清償的 100 萬則成為一般債權。

案例四

承第一題，若乙興建完成後，甲發現該棟別墅有下列瑕疵，則甲該如何主張權利：

㈠浴室排水設計不良，以致於甲的浴室總是積水狀態。

㈡若乙使用海砂來蓋別墅，以致於該別墅有倒塌之危險。

解 析 ···

㈠甲就浴室瑕疵所可主張之權利

1. 瑕疵發現期間與權利行使期間

依民法第 499 條之規定，甲必須是在別墅交付後五年內發現該瑕疵才可主張瑕疵擔保請求權，另外依民法第 514 條之規定，甲於發現瑕疵後一年內就要行使權利，否則就會喪失瑕疵擔保請求權。

2. 瑕疵修補請求權

該浴室由於排水不良，所以有不適於通常使用之瑕疵，此時定作人甲依民法第 493 條第 1 項之規定，可以先定相當期限，先請求承攬人乙來修補瑕疵，這是承攬人之權利也是其義務，蓋甲若要他人來修補瑕疵，在轉而對乙請求賠償，則乙所要付出的金額，可能會高過於其自行修補所花費的金額，所以甲原則上要先定相當期間給乙修補。若乙不於該期限內修補，則甲可以依民法第 493 條第 2 項之規定，自行修補後再向乙請求償還修補的必要費用。

3. 報酬減少請求權

若甲不於相當期限內修補，依民法第 494 條之規定，甲可以請求減少

報酬，此乃一形成權，一經甲向乙主張即生效力。

4.損害賠償請求權

若甲可以證明乙就該瑕疵有可歸責之事由時，依民法第 495 條第 1 項之規定，甲除了可以請求瑕疵修補與減少報酬外，還能夠主張損害賠償請求權，此損害賠償請求權乃民法第 227 條不完全給付的注意規定，不過甲證明其受有損害。

5.解除契約

依民法第 494 條但書之規定，若瑕疵非重要，或所承攬之工作為建築物或其他土地上之工作物者，定作人不得解除契約。但有最高法院判例 83 臺上第 3265 號判例限縮本條但書適用的範圍，認為：若瑕疵程度以達建築物有倒塌之危險，則可以解除契約，而本題僅是浴室排水不良，瑕疵尚未如此嚴重，所以甲不可解除契約。

㈡甲就別墅使用海砂所得主張之權利

依民法第 495 條之規定，若有可歸責於承攬人之事由，致承攬之工作為建築物或其他土地上之工作物，而其瑕疵重大致不能達使用之目的者，定作人得解除契約，本題乙使用的海砂來蓋別墅，雖然尚未達到倒塌之程度，依最高法院 83 臺上字第 3265 號判例之見解，尚無法解除契約，惟 88 年債編修正時，認為若瑕疵重大致不能達使用之目的時，若不能解除契約，對定作人實屬不公平，而乙使用海砂蓋別墅會嚴重腐鏽鋼筋，應認為已達不能使用之目的，所以甲可以主張解除契約。

案例五

承第一題，若乙於興建的過程中，發生了下列情形，甲該如何
主張權利：

㈠乙因為自己工程太多，以致於甲的別墅遲延了 100 天才完
　成。

㈡乙遲延後未完成工作，甲所得主張是否不同。

㈢乙與甲訂約後，因為二人發生嫌隙，所以乙堅持不動工，但
　二人約定的履行期間尚未屆至，甲又該怎麼辦。

解析

　　㈠依民法第 502 條第 1 項之規定：「因可歸責於承攬人之事由，致工作
逾約定期限始完成，或未定期限而逾相當時期始完成者，定作人得請求減
少報酬或請求賠償因遲延而生之損害。」乙因為可歸責於自己之事由，於約
定的期限不能完成工作，遲延了 100 天才完成，故甲可以主張減少報酬與
請求遲延損害，不過本書認為報酬減少請求權應只有在工作物有瑕疵時才
得主張之，若乙工作已完成且無瑕疵，甲應不得主張減少報酬。

　　㈡乙於給付遲延且未完成工作時，甲可否主張依民法第 254 來解除契
約？此在學說上有不同見解，本書認為以肯定說為可採，蓋修法後第 502 條
第 1 項之規定限於工作完成之情形始有適用，而第 502 條第 2 項亦規定：
「『前項情形』，如以工作於定……」，可知第 502 條第 2 項之規定亦限於工
作完成之情形始有適用，如此解釋合乎修法意旨，且第 502 條第 2 項之規
定只有在雙方是以特定期限為契約之要素時才有適用，故在非特定期限之
情形，工作物若未完成且承攬人陷於給付遲延的情形下，應回歸債總給付

遲延之規定，定作人若依民法第 254 條之規定，催告承攬人於相當期限完成工作，若不完成即可解除契約。否則承攬人遲遲不完成工作，而定作人卻要受契約限制，不敢與他人訂立新約來完成工作，對定作人而言實屬不利。所以甲若依民法第 254 條之規定訂相當期限催告乙完成工作，若乙仍不完成，甲即可解除契約。

㈢本書認為這種承攬人未開始工作或工作進行後任意遲延或中斷的情形應該賦予定作人解除契約之權利，但從現行的民法第 497 條及第 503 條規定，似乎無法導出定作人有解除契約之權利。此時應該回歸民法債總規定解決之，承攬人此種未開始工作或工作進行後任意遲延或中斷的情形，應該屬於「預示拒絕給付」，依照現行法之規定，似乎只能類推民法第 226 條給付不能之規定，認為債務人之預示拒絕給付已經摧毀了債權人對契約存續的信任，債權人等待債務人之給付已經不具有期待可能，進而類推民法第 256 條之規定來解除契約。

法律參考書目

壹、書籍部分（依照引用順序排列）

一、高明發，《司法院研究年報》，第22輯第3篇，〈承攬之理論與實務〉，司法院司法行政廳編輯，司法院出版，91年11月初版。

二、黃立主編，楊芳賢著，《民法債法各論（上）》，元照股份有限公司，91年初版。

三、黃茂榮，《債法各論》，自版，92年初版。

四、鄭玉波，《民法債編各論（上）》，自版，81年10月十五版。

五、邱聰智，《新訂債法各論（中）》，自版，91年10月初版。

六、史尚寬，《債法各論》，自版，75年11月六刷。

七、劉春堂，《民法債編各論（中）》，三民書局，民國93年3月初版。

八、王和雄，〈承攬供給契約之性質及其工作物所有權之歸屬〉，收錄於鄭玉波主編，《民法債編論文選輯（下）》，五南圖書出版公司，民國73年7月初版。

九、林誠二，《民法債編各論（中）》，瑞興出版，民國91年3月初版。

十、王澤鑑，《民法概要》，三民書局，民國91年9月初版。

十一、呂榮海，《勞基法實用》，蔚理法律事務所，1999年修訂版。

十二、邱聰智，《新訂民法債編通則（上）》，自版，92年新訂一版修正二刷。

十三、王澤鑑，《債法原理第一冊》，王慕華發行，2000年9月三刷。

十四、施啟揚，《民法總則》，自版，94年六版。

十五、王和雄，〈承攬人瑕疵擔保責任之研究〉，國立政治大學法律研究所碩士論文，民國63年。

十六、黃越欽，〈承攬契約的履行與瑕疵擔保責任〉，收錄於鄭玉波主編，

《民法債編論文選輯（下）》，五南圖書出版公司，民國 73 年 7 月初版。

十七、王澤鑑，〈物之瑕疵擔保、不完全給付與同時履行抗辯權〉，收錄於《民法學說與判例研究㈥》，自版，87 年 9 月。

十八、姚志明，《債務不履行之研究㈠》，元照出版股份有限公司，91 初版。

十九、黃茂榮，《買賣法》，自版，91 年增訂五版。

二十、戴修瓚，《民法債編各論》，三民書局，78 年再版。

二一、孫森焱，《民法債編總論》，自版，94 年修訂版。

二二、黃立，《民法總則》，自版，88 年二版。

二三、黃立著，《民法債編總論》，自版，88 年二版。

二四、謝在全，《民法物權論（下）》，三民書局，94 年 8 月修訂三版。

二五、林誠二著，〈論法定抵押權新舊法之適用問題〉，《黃宗樂教授六秩祝賀——財產法學篇㈠》，學林文化，91 年。

二六、楊與齡，〈承攬人法定抵押權之成立與登記〉，《民法物權實例問題分析》，五南圖書出版公司，90 年 1 月初版。

二七、謝在全著，〈民法第七五九條爭議問題研究〉，收錄於蘇永欽主編，《民法物權編》，五南圖書出版公司，民國 88 年初版。

二八、姚瑞光，《民法物權論》，自版，78 年。

二九、林永汀，《房地產法律談續㈢篇——預售房屋》，永然文化出版股份有限公司，81 年 3 月。

三十、蘇盈貴著，《不動產法律淺析㈠》，書泉出版社，81 年 9 月。

三一、陳清秀，《稅法總論》，翰蘆圖書出版，90 年 10 月二版。

三二、林自強，〈論租稅法定主義與實質課稅原則之衡平〉，國立中正大學法律研究所論文，94 年 6 月。

三三、劉宗榮，〈委建與合建房屋產權之歸屬暨糾紛之防止〉，《民法債編論文精選（下）》，五南圖書出版公司，73 年 7 月初版。

三四、金欽公，《委建及合建房屋法律問題》，司法行政部出版，65 年初版。

貳、報章雜誌與期刊部分

一、詹森林，〈承攬瑕疵擔保責任重要實務問題〉，《月旦法學雜誌》，元照股份有限公司，第 129 期。

二、黃立，〈剖析債編新條文的損害賠償方法〉，《月旦法學雜誌》，元照股份有限公司，第 61 期。

三、詹森林，〈建築物或其他土地上工作物承攬契約之解除〉，《台灣本土法學雜誌》，第 22 期。

四、林雅芬，〈民法債編有關承攬契約規定之修正〉，《萬國法律》，第 110 期。

五、張哲源，〈交付＝受領？——論承攬人之「交付」、定作人之「受領」與危險移轉、同時履行抗辯、物之瑕疵擔保間之關係〉，《東吳法律學報》，第 16 卷第 3 期。

六、溫豐文，〈費用性抵押權優先效力之研究〉，《月旦法學教室》，元照股份有限公司，第 4 期。

七、朱柏松，〈論不同抵押權之效力〉，《月旦法學雜誌》，元照股份有限公司，第 124 期。

八、鄭冠宇，〈承攬人抵押權〉，《法學叢刊》，第 203 期，95 年 7 月。

九、陳清秀，〈經濟觀察法在稅法上之應用〉，《財稅研究》，第 24 卷第 6 期。

十、陳聰富，〈工程承攬契約之成立、解除與終止〉，《台灣本土法學雜誌》，第三期。

Civil Law

確實掌握民法條文奧義

就從 *法學啟蒙叢書──民法系列* 開始

買 賣　陳添輝 著

為什麼買賣契約是債權契約？為什麼出賣他人之物，買賣契約有效？為什麼一物二賣，二個買賣契約均為有效？就買賣的概念而言，一般人的理解與法律規定之間，具有相當大的差異。為何會如此不同？此種情形係因我國民法主要繼受自德國民法及瑞士民法，而德國民法及瑞士民法又深受羅馬法影響所致。本書盡力蒐集羅馬法及歐陸各國民法之相關資料，希望幫助讀者瞭解買賣制度之沿革發展，進一步正確掌握我國民法有關買賣規定之意義。

繼 承　戴東雄 著

本書主要內容在說明民法繼承編重要制度之基本概念，並檢討學說與實務對法條解釋之爭議。本書共分四編，第一編緒論；第二編為遺產繼承人；第三編乃遺產繼承；第四編為遺產繼承之方法。本書在各編之重要章次之後，皆附以實例題，期能使讀者了解如何適用法條及解釋之方法，以解決法律問題，並在書後之附錄上，提出綜合性之實例題，以邏輯之推演方法，解決實際之法律問題。

動產所有權　吳光明 著

本書主要在敘述「動產所有權」及其相關法律問題，除依民法物權編、民法物權編部分條文修正草案，以及參考九十六年三月二十八日最新公布之新「擔保物權」規定，並敘述其修正說明外，另參考法院實務判決，提出實際發生之案例進行探討。內容包括動產所有權之法律特徵、動產物權之得喪變更、動產所有權之取得時效、動產之善意取得、無主物之先占、遺失物之拾得、埋藏物之發現、動產之添附、不占有之動產擔保、動產之共有等。希望藉由本書將民法中之重要概念抽取出來，以這些概念為切入點，對民法思維體系進行更深入之解析，幫助讀者建立清楚、完整的概念。

確實掌握民法條文奧義

就從 *法學啟蒙叢書——民法系列* 開始

遺　囑　王國治 著

　　本書首先介紹中外遺囑的歷史背景與變遷過程，並針對世界各國、臺灣、香港、澳門與大陸地區的遺囑法律做比較研究。其次，從我國遺囑之相關法律、司法實務與實際案例切入，帶領讀者徹底瞭解遺囑的理論與實務。最後，本書亦可啟發法律初學者的興趣，除了詳盡剖析我國遺囑法律闕失之處，並提出將來遺囑修法之具體建議，實為一本值得閱讀與收藏的法律好書。

運送法　林一山 著

　　運送法的內容相當廣泛，包含陸、海、空及複式運送等不同運送方式的法規，且相當具國際性及技術性，因此國際間長期以來召開各項會議，制定各種國際公約，以求各運送法規內容的統一與調和。我國民法債編各論中運送法的內容亦係屬於國際運送法不可分割的一部分，因此在論述到該部分的內容時，有必要舉相關國際公約及發展較完備的海上運送法、航空運送法來做補充說明；並且由於該部分繼受外國立法例的年代已久遠，與運送行為之與日精進相較，闕漏之處已多，而提出許多修法上之建言。本書理論與實務兼具，一方面以生動活潑的案例來引發初學者的興趣，並以系統性且整體性地將相關內容做深入淺出地介紹，亦對實務工作者處理複雜的案件有所貢獻。

契約之成立與效力　杜怡靜 著

　　本書為使初學者能儘速建立契約法之基本概念，以深入淺出之方式，於理論基礎之說明上，儘量以簡潔文字並輔以案例加以說明。此外為使讀者融會貫通契約法間之關連性，書末特別附有整合各項契約法觀念的綜合案例演練，促使讀者能夠匯整關於契約法的各項觀念。因此希望讀者用心研讀、練習本書，進而藉由本書關於契約法之介紹，進入學習民法之殿堂。

生活法律漫談系列
是您最方便實惠的法律顧問

勞動法一百問 (修訂二版) 　陳金泉 著

本書承襲第一版寫作體例，以問答方式呈現重要的勞動法爭議問題。選材方面考量到讀者大眾的需求，以個別勞動法為主，集體勞動法為輔。內容敘述以司法判決見解為經，行政解釋令為緯，盡可能以「實用」為目標，使其成為勞資雙方解決爭議的參考書。

遠離暴力侵害 ── 婦女人身安全法寶 　柯伊伶 著

＊本書榮獲行政院衛生署2007健康好書

近年來，婦女地位雖然逐漸提升，然而，社會上婦女權益受到侵害的新聞卻仍時有所聞，從鬧得沸沸揚揚的女主播與女藝人家暴事件，到女性在職場慘遭性騷擾與性侵害的新聞可知，婦女的人身安全，不僅沒有隨著時代的進步而改善，反而處處接受挑戰。

本書分為五大篇，共以六十個法律問題，詳述婦女面臨家庭暴力、性騷擾、以及性侵害時的因應之道，並介紹與婦女健康及工作權相關的法律，讓讀者對法律具備初步的認識，勇敢地捍衛自身的權利。

生活法律 Q&A 　劉昌崙 著

本書針對生活中常發生的法律問題加以整理，譬如身分證遺失該怎麼辦？拿到偽鈔時該怎麼辦？如何防範詐騙？夫妻離婚、未成年人的監護權歸屬？碰到銀行委外討債怎麼辦？當遇到這些情況時，逃避不是辦法，《生活法律Q&A》將是您解決問題最好的幫手。

生活法律漫談系列
是您最方便實惠的法律顧問

網路生活與法律　吳尚昆　著

　　在漫遊網路時，您是不是常對法律問題感到困惑？例如網路上隱私、個人資料的保護、散播網路病毒、網路援交的刑事規範、網路上著作權如何規定、網路交易與電子商務等等諸多可能的問題，本書以一則則案例故事引導出各個爭點，並用淺顯易懂的文字作解析，破解這些法律難題。除了提供網路生活中的法律資訊，作為保護相關權益的指南外，希望能進一步啟發讀者對於網路生活與法律的相關思考。

智慧財產權生活錦囊　沈明欣　著

　　作者以通俗易懂的文筆，化解生澀的法律敘述，讓您輕鬆解決生活常見的法律問題。看完本書後，就能輕易一窺智慧財產權法之奧秘。本書另檢附商業交易中常見的各式智慧財產權契約範例，包含智慧財產權的讓與契約、授權契約及和解契約書，讓讀者有實際範例可供參考運用。更以專文討論在面臨智慧財產權官司時，原告或被告應注意之事項，如此將有利當事人於具體案例中作出最明智之抉擇。

和國家打官司 ── 教戰手冊　王泓鑫　著

　　如果國家的作為侵害了人民，該怎麼辦？當代的憲政國家設有法院，讓人民的權利在受到國家侵害時，也可以和「國家」打官司，以便獲得補償、救濟、平反的機會。但您知道怎麼和國家打官司嗎？本書作者以深入淺出的方式，教您如何保障自己的權益，打一場漂亮的官司。